MARCO POLO

DJERBA
SÜDTUNESIEN

Reisen mit Insider Tipps

> Die Farben von Sand, Sonne, Palmen und Meer scheinen mir nirgends so intensiv und warm wie im Süden Tunesiens. Und zur Erholung ist Djerba viel ruhiger als die weiter nördlich gelegenen Urlaubszonen.
> *MARCO POLO Autorin*
> *Edith Kresta*
> (siehe S. 127)

Spezielle News, Lesermeinungen und Angebote zu Djerba:
www.marcopolo.de/djerba

DJERBA

> SYMBOLE

MARCO POLO INSIDER-TIPPS
Von unserer Autorin für Sie entdeckt

★ **MARCO POLO HIGHLIGHTS**
Alles, was Sie auf Djerba kennen sollten

 SCHÖNE AUSSICHT

▶▶ **HIER TRIFFT SICH DIE SZENE**

> PREISKATEGORIEN

HOTELS
€€€ über 85 Euro
€€ 50–85 Euro
€ unter 50 Euro
Die Preise gelten für zwei Personen im Doppelzimmer pro Nacht mit Frühstück

RESTAURANTS
€€€ über 18 Euro
€€ 10–18 Euro
€ unter 10 Euro
Die Preise gelten für ein Essen mit Suppe, Haupt- und Nachspeise und einem Getränk

> KARTEN

[112 A1] Seitenzahlen und Koordinaten für den Reiseatlas Djerba und Südtunesien

Karten zu Gabès, Houmt-Souk, Nefta und Tozeur finden Sie im hinteren Umschlag

Zu Ihrer Orientierung sind auch die Orte mit Koordinaten versehen, die nicht im Reiseatlas eingetragen sind

---

■ **DIE BESTEN MARCO POLO INSIDER-TIPPS** .... **UMSCHLAG**
■ **DIE BESTEN MARCO POLO HIGHLIGHTS** **4**

■ **AUFTAKT** **6**

■ **SZENE** **12**

■ **STICHWORTE** **16**
■ **EVENTS, FESTE & MEHR** **22**
■ **ESSEN & TRINKEN** **24**
■ **EINKAUFEN** **28**

■ **DJERBA** **30**
■ **SÜDTUNESIEN** **58**

> SZENE
S. 12–15: Trends, Entdeckungen, Hotspots! Was wann wo auf Djerba los ist, verrät der MARCO POLO Szeneautor vor Ort

> 24 STUNDEN
S. 90/91: Action pur und einmalige Erlebnisse in 24 Stunden! MARCO POLO hat für Sie einen außergewöhnlichen Tag auf Djerba zusammengestellt

> LOW BUDGET
Viel erleben für wenig Geld! Wo Sie zu kleinen Preisen etwas Besonderes genießen und tolle Schnäppchen machen können:

Günstig übernachten und essen S. 56 | Preiswert unterwegs S. 69

> GUT ZU WISSEN
Was war wann? S. 10 | Spezialitäten S. 26 | Dragout S. 38 | Bücher & Filme S. 45 | Ölmühlen S. 46 | Menzel S. 48 | Ibaditen und Almohaden S. 51 | Wohin bitte? S. 52 | Blogs & Podcasts S. 55 | Ksour S. 76 | Arabisch S. 108

AUF DEM TITEL
Toujane: verstecktes Berberdorf mit Tradition S. 74
Speedsailing auf dem Salzsee S. 12

- **AUSFLÜGE & TOUREN** **84**
- **24 STUNDEN AUF DJERBA** **90**
- **SPORT & AKTIVITÄTEN** **92**
- **MIT KINDERN REISEN** **96**

- **PRAKTISCHE HINWEISE** **100**
- **SPRACHFÜHRER** **106**

- **REISEATLAS DJERBA** **110**
- **KARTENLEGENDE REISEATLAS** **122**

- **REGISTER** **124**
- **IMPRESSUM** **125**
- **UNSERE AUTORIN** **127**

- **BLOSS NICHT!** **128**

2 | 3

ENTDECKEN SIE DJERBA!

Unsere Top 15 führen Sie an die traumhaftesten Orte und zu den spannendsten Sehenswürdigkeiten

Die Highlights sind in der Karte auf dem hinteren Umschlag eingetragen

 Guellala
Ein Zentrum der Töpferei: In der Umgebung von wird Ton abgebaut, im Ort selbst werden seit vielen Jahrhunderten irdene Gefäße für den gesamten Mittelmeerraum gebrannt (Seite 34)

 Houmt Souk
Houmt Souk bedeutet Markt. Ein Gang durch die Gassen der Sticker, Weber, Schneider, Gerber, Juweliere, Kupferstecher, Teppich-, Leder-, und Parfümhändler zeigt, dass der Name zu Recht besteht (Seite 37)

 Flamingoinsel (Ras R'mel)
Ein wunderschöner Tagesausflug zu einsamen Stränden (Seite 45)

 La Ghriba
Die blau gekachelte Synagoge von Djerba ist auch Wahrzeichen des Jahrhunderte währenden friedlichen Zusammenlebens von Muslimen und Juden (Seite 46)

 Midoun
Midoun ist eine moderne Ortschaft und zugleich ein Zentrum traditioneller, inseltypischer Gehöfte (Seite 46)

 Mahboubine
Ein kleiner Ort und die Miniaturkopie der Hagia Sofia (Seite 50)

 Plage de Sidi Mahrès
Sonne und Meer am längsten Strand Djerbas (Seite 51)

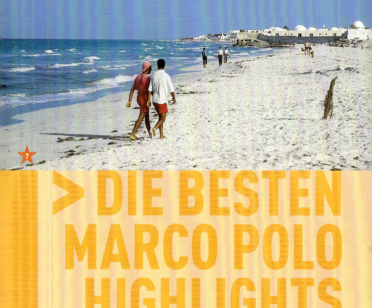

> DIE BESTEN MARCO POLO HIGHLIGHTS

⭐ Douz
Am Rand der Sahara: Hier beginnt die Wüste, die Heimat der Nomaden (Seite 60)

⭐ Seldja-Schlucht
Die Nostalgiebahn Lézard Rouge fährt durch einen atemberaubenden Canyon (Seite 70)

⭐ Midès
Einsam an der algerischen Grenze liegt die malerische Bergoase. Hier wurden Szenen des Films „Der englische Patient" gedreht (Seite 71)

⭐ Matmata
Karge Mondlandschaft und Couscous in den Wohnhöhlen unter der Erde (Seite 71)

⭐ Tamezret
Eine eindrucksvolle, weiße Festung im Berg ist die Berberstadt Tamezret (Seite 73)

⭐ Chenini
Hoch oben liegt die imposante Speicherburg des südlichen Dahar-Gebirges (Seite 76)

⭐ Chott el Djerid
Die größte Salzwüste im Süden Tunesiens ist immer noch ein beeindruckendes Naturerlebnis (Seite 81)

⭐ Nefta
Das spirituelle Zentrum im Süden Tunesiens mit vielen Moscheen und Marabouts (Seite 82)

WAS FÜR EINE INSEL!

Moschee auf Djerba

AUFTAKT

> Viele Kulturen haben die Insel an der Grenze zwischen Orient und Okzident geprägt. Weite Sandstrände, gemäßigtes Klima und viel Sonnenschein machen Djerba zu einem idealen Urlaubsziel. Die Ruhe, die Freundlichkeit der Menschen, der gehobene Hotelstandard und die kilometerlangen, freien Sandstrände machen den Reiz der Insel aus. Das mediterrane Djerba ist traditionell weltoffen, freundlich und sanft wie sein Licht und seine Farben. Es ermöglicht Europäern einen leichten Einstieg in die arabische Welt. Mit seinen schicken Hotels ist Djerba auch das bequeme Tor zur Sahara.

> Wie keine andere Region hat der Süden das Bild Tunesiens in unseren Köpfen geprägt. Dromedare und Wüstensöhne, Dattelpalmen und Oasen, Salz und Sand, Hochzeitsrituale und Nomadenleben – der Süden Tunesiens gilt als rückständig, aber auch als Hort der Tradition; er ist noch stark patriarchalisch geprägt. Während in den Küstenstädten Tunis, Sfax oder Sousse auch Frauen selbstbewusst ihren Platz in der Wirtschaft und dem Geschäftsleben des Landes suchen, hinkt der Süden etwas hinterher. Hier gilt der alte Ehrenkodex, hier kleidet man sich nach alten Mustern. Und hier trifft man auf engstem Raum auf eine ungewöhnliche landschaftliche Vielfalt.

Der südöstliche Ausläufer des Sahara-Atlas in Tunesien zieht sich von der Bergregion um Tamerza mit ihren verträumten Oasen über die bizarren Phosphatgebiete um Metlaoui bis nach Gafsa. Diese Bergregion trennt Nord- und Südtunesien. Die Djebel Orbata (1165 m) und Bou Rameli (1156 m) sind die höchsten Gipfel des Höhenzugs. Sie liegen östlich von Gafsa. Die wenigen nach Süden zum Chott el Djerid fließenden Flüsse suchen sich ihren Weg durch die Sedimentschichten. Sie haben dabei imposante Schluchten entstehen lassen. Bekannt sind vor allem die Seldja-Schlucht, der Canyon von Tamerza und der Canyon bei Gafsa. Südlich dieser Berge bestimmen Wüstensteppen und die abflusslosen Salztonsenken der Chotts das Land-

> **Wie ein Palmengarten treibt Djerba auf dem Meer**

schaftsbild. Üppige Süßwasserquellen am Rand der Chotts, die aus fossilen Grundwasservorräten gespeist werden, haben die Dattelpalmenoasen des Landes entstehen lassen. An die Salzsenken schließt sich südlich die Sahara mit ihren Schotterebenen und Dünengürteln an. Sie ist Teil des Grand Erg Oriental, der Vollwüste,

Houmt Souk, die Hauptstadt von Djerba, war schon immer ein Zentrum des Handels

AUFTAKT

mit seinen Dünengürteln und seiner Einsamkeit.

Am Rand der Wüste gen Mittelmeer liegen die kahlen, sich etwa 200 km in Nord-Süd-Richtung ziehenden Schichten des Dahar-Gebirges. Die Höhlensiedlungen und Speicherburgen dort erzählen noch heute von der alten Berberkultur Tunesiens. Zwischen Gebirge und Meer erstreckt sich von der Industriestadt Gabès im Norden bis zur libyschen Grenze im Süden die steppenartige Djeffara-Ebene. Davor liegt die Insel Djerba. Das 514 km² große, flache Eiland ist umsäumt von weiten Stränden. Das gemäßigte Klima und 320 Sonnentage im Jahr machen Djerba zum idealen Urlaubsziel für lichtbedürftige Nord- und Mitteleuropäer. Die Ruhe, die Freundlichkeit der Menschen, der gehobene Hotelstandard und die kilometerlangen, freien Sandstrände machen den Reiz der Insel aus. Historische und klassische Denkmäler gibt es nicht viele; dafür ist Djerba aber reich an Geschichte: Punier und Römer, Berber und Vandalen, jüdische Händler und türkische Seeräuber haben die Insel an der Grenze zwischen Orient und Okzident geprägt. Berber und islamische Konvertiten flüchteten vor ihren Feinden vom Festland hierher. Begriffe wie Kreuzzug und Dschihad, die durch die Ereignisse des 11. September 2001 wieder verstärkt in der öffentlichen Diskussion aufkamen, sind auf der Insel Djerba jahrhundertealte Geschichte: Christentum und Islam stritten ab dem 11. Jh. um

> *Die Sahara frisst sich beharrlich vorwärts*

die Vorherrschaft im Mittelmeer. Djerba lag mittendrin.

Nachdem die Blütezeit des Islam mit der Vertreibung der Mauren aus Spanien im 15. Jh. zu Ende war, wurde der Kampf mit anderen Mitteln fortgesetzt. Djerba wurde zu einer Hochburg der Korsaren an der tunesischen Küste. Diese arbeiteten für die osmanischen Eroberer, die Djerba 1574 endgültig besetzten. Die Spanier versuchten mehrmals, das Piratennest auszuheben – mit herben Niederlagen. Im 15./16. Jh. kamen jüdische Einwanderer aus Andalusien auf die Insel und bildeten die größte jüdische Gemeinde Tunesiens. Die Juden auf Djerba waren Meister filigraner Silberschmiedekunst. Mit ihrer Abwanderung seit den 1960er-Jahren gibt es in diesem Kunsthandwerk nur noch wenig Entwicklung.

WAS WAR WANN?
Geschichtstabelle

Um 3000 v. Chr. Besiedlung durch die Protolibyer, die Berber

814 v. Chr. Gründung Karthagos

146 v. Chr. Zerstörung Karthagos und Errichtung der römischen Provinz Africa

800 Die römische Provinz Africa wird zum arabo-islamischen Ifriqiya

1236–1547 Herrschaft der Dynastie der Hafsiden mit der Hauptstadt Tunis

1574 Tunesien wird von den Osmanen beherrscht. Sie regieren das Land bis zum 19. Jh.

1881 Beginn der Kolonialzeit: Die Franzosen erklären Tunesien zum Protektorat

1920 Die türkische Vorherrschaft wird offiziell beendet

1942 Deutsche und italienische Truppen besetzen Tunesien

1956 Frankreich erkennt die Unabhängigkeit Tunesiens an

1957 Habib Bourguiba wird erster Präsident der tunesischen Republik

7. November 1987 Zine el-Abedine Ben Ali setzt Habib Bourguiba ab und wird neuer Staatspräsident

11. April 2002 Anschlag auf die Synagoge La Ghriba

2004 Am 29. Oktober wird Ben Ali – nach Verfassungsänderung 2002 – mit 94,5 Prozent wiedergewählt

2008 Nach Schusswechsel zwischen tunesischen Sicherheitskräften und mutmaßlichen Mitgliedern einer bewaffneten Gruppierung werden zahlreiche Personen festgenommen. Oppositionelle fordern faire Gerichtsprozesse

Wichtig für die wirtschaftliche Entwicklung war der Transsaharahandel. Djerba war Endpunkt der Sklavenkarawanen aus Westafrika. Gold, Elfenbein und die schwarzen Sklaven, deren Nachkommen immer noch hier leben, kamen so ans Mittelmeer.

Obwohl der Süden Tunesiens mit 80 000 km^2 die Hälfte des Staatsgebiets ausmacht, leben hier nur 15 Prozent der Bevölkerung. Die trockene Sahara-Region lässt Landwirtschaft nur unter großen Anstrengungen und mit künstlicher Bewässerung zu. Und die Sahara frisst sich beharrlich vorwärts: Jedes Jahr verliert Tunesien rund 150 km^2 Land an die Wüste. Erst der Tourismus, der in den 1960er-Jahren begann, gab der Wirtschaft wesentliche Impulse, schuf vor allem in der Touristenhochburg Djerba Arbeitsplätze, die selbst für Zuwanderer aus den Orten des Südens attraktiv sind. Der Tourismus ist längst die wichtigste Einnahmequelle der 120 000 Djerbi. Traditioneller Wirtschaftszweig ist, neben der Fischerei, das Handwerk. Dessen Hauptprodukte sind die Töpferartikel von Guellala. Außerdem wird Schmuck hergestellt, es werden Wolldecken gewebt – vor allem aber wird gehandelt. Schon im 4. Jh. v. Chr., unter dem Einfluss der Karthager, war Djerba ein überaus reges Handelszentrum. Das blieb es auch nach dem Sieg der Römer über die Karthager 146 v. Chr. Von den Römern hat Djerba seinen heutigen Namen: Sie nannten die Insel Girba.

Die Emigration der Inselbewohner in die größeren Städte Tunesiens oder

AUFTAKT

nach Frankreich war schon immer hoch. Der Tourismus hat zwar neue

> *Der Tourismus ist die wichtigste Einnahmequelle der Djerbi*

Arbeitsplätze geschaffen, beschleunigte aber auch die gesellschaftlichen haine, die nicht mehr bewirtschaftet werden.

Über 200 Moscheen und Grabstätten von Marabouts, den traditionellen Heiligen, sind über die Insel verstreut. Es sind keine Prachtbauten. Sie sind klein und bescheiden. Eine Besonderheit der Moscheen sind die

Tamerza ist die größte der drei Bergoasen an der algerischen Grenze

Veränderungen und die Werteverschiebung. Unter anderem ist die harte Arbeit in der Landwirtschaft, die den Charakter Djerbas über Jahrhunderte prägte, immer weniger attraktiv geworden. Jugendliche bevorzugen es allemal, in der Hotellerie zu arbeiten, statt auf dem nur wenig ertragreichen Boden zu schuften. Die Folge davon: Gärten, die brachliegen und veröden, Palmen- und Olivenunter dem Hof liegenden Zisternen. Dort wird Regenwasser für die rituellen Waschungen und für Notzeiten gesammelt. Die Insel verfügt weder über Flüsse noch über Quellen. Zisternen und Brunnen waren daher immer eine existenzielle Notwendigkeit. Heute verschönern plätschernde Brunnen luxeriöse Hotelanlagen und spenden angenehme Kühle bei sommerlichen Hitzewellen.

▶▶ TREND GUIDE DJERBA

Die heißesten Entdeckungen und Hotspots! Unser Szene-Scout zeigt Ihnen, was angesagt ist

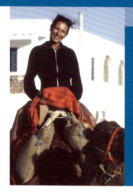

Katharina Sommer

Das Flair Südtunesiens mit seinen phantastisch ureigenen Landschaften, der Zauber orientalischer Architektur und nicht zuletzt der Charme seiner Menschen führt die Reisejournalistin immer wieder dorthin. Unsere Szene-Expertin ist fasziniert von dem Facettenreichtum der Region. Auf der Suche nach Trends reist sie durch das Land und erkundet dort die besten Szene-Highlights von Sport bis Nightlife.

▶▶ TRENDSPORT SPEEDSAILING

Je schneller, desto besser

Auch wenn Tempo nicht gerade das ist, was die Kultur des Orients mit seiner Aura von Beschaulichkeit und Langsamkeit prägt, so fasziniert das trendig moderne Wüstenschiff dann doch. Der neueste Schrei heißt *Speedsailing*, ein Adrenalinsport par excellence. Dabei rast der Pilot in einem dreirädrigen Fahrgestell mit Steuer, Sitz und großem Segel allein vom Wind getrieben mit gut und gerne 50 km/h über die Ebene des riesigen Salzsees Chott el Djerid *(Anbieter: Aéroasis, Av. Aboul el-Kacem ech Chebbi, Tozeur, Tel. 76 45 15 00)*. Auch *Desert Evasion* hat Landsegeltouren im Programm *(Zone Touristique, Tozeur, www.desertevasion.com)*. Auskunft über Speedsailer zur Miete einschließlich Transfer zur Piste erteilt das Tourismusbüro in Tozeur *(Office National du Tourisme, Av. Aboul Kacem Chebbi)*.

SZENE

▶▶ SÜSSE VERFÜHRUNG

Die neuen In-Drinks

Zuckersüß soll es sein, vor allem, wenn es um Drinks geht. Kein Wunder, dass der gute alte Sirup gegenwärtig ein Revial erfährt. Je nach Gusto mit Wasser gemixt, führen die Säfte aus Rosenessenz „Sirop de rose", Zitrone „Sirop de citron" oder aus Granatäpfeln „Grenadine" die Hitliste an. Favorit unter den Heißgetränken ist neben dem typisch starken und sehr süßen Tee der „Capucin nouveau". Dahinter verbirgt sich schlicht ein Glas Kaffee mit Kondensmilch und viel Zucker. Im Café *Ben Daamach* in Houmt Souk schmecken die süßen Drinks noch besser. Tipp: traditionell zubereiteter Tee mit Pinienkernen (*Café Ben Daamach, Place Mokhtar Ben Attia*). Im *Café à l'Arbre* in Midoun genießt man ihn auf der schattigen Terrasse (*beim Place de la République*).

▶▶ STARKE FRAUENSTIMMEN

Arabischer Pop & Tradition

Ein Stern am Himmel populärer Musik Tunesiens: Latifa. Ein Highlight ihrer steilen Karriere war die Verleihung des *World Music Award* von Las Vegas für „Ma Etrohsh Ba'er" (*www.latifaonline.net*). Mit ihrem Debütalbum „Wild Harissa"

schlug Newcomerin Ghalia Benali eine Brücke zwischen Orient und Okzident (*http://www.youtube.com/watch?v=YY2tX_X8bAQ*). Die in Nubat-Gesang ausgebildete Interpretin Chiha mischt arabisch-andalusische Tradition mit Drum'n'Bass- und House-Elementen (*www.chiha.de*). Ein viel versprechendes Nachwuchstalent des klassischen Maalouf ist Sonia M'Barek Takht, die am Musikkonservatorium in Tunis studierte (*http://www.soniambarek.com*). Große Livemusikevents finden im Freizeitareal *Parc Djerba Explore* statt (*Route touristique de Midoun, www.djerbaexplore.com, Foto*).

▶▶ GEOCACHING

Moderne Schatzsuche mit GPS

Der Geocaching-Boom schwappt nach Südtunesien und Djerba. So gibt es bereits Schätze am Kap Ras Terbella oder beim Bordj Kastil und bei Guermassa. Wer einen kleinen Schatz deponiert hat, veröffentlicht die geografischen Koordinaten im Internet, wo ihn jeder abrufen kann (www.geocaching.com). Ausgerüstet mit einem GPS-Empfänger geht es los. Manche Verstecke sind ihm Vorbeigehen zu finden, andere wiederum verlangen echten Einsatz. Bei Erfolg wird der Schatz nach dem Motto „get some stuff, leave some stuff" ausgetauscht, der Besuch im Logbuch dokumentiert und an derselben Stelle wieder versteckt.

▶▶ BÜCHER, DIE BEWEGEN

Aus der Feder tunesischer Schrifsteller

Vom Spannungsfeld zwischen Tradition und Moderne, Orient und Okzident inspiriert zeigen sich die Werke der Autorengeneration Tunesiens facettenreich und innovativ. Jüngstes ins Deutsche übersetzte Werk Amor Ben Hamidas *Mit arabischen Grüßen* ist eine Themensammlung zu Geschichte, Kultur und der Lebenseinstellung Nordafrikaner (www.benhamida.ch, Foto). Hassouna Mosbahis wuchs als Sohn einer Beduinenfamilie in Südtunesien auf. Seine Erinnerungen daran reflektiert er in *Ölbaum der Kamele*. Habib Selmi greift in seinem Roman *Bajas Liebhaber* mit subtiler Ironie das Leben im ländlichen Tunesien auf.

▶▶ DIE CAMPER KOMMEN

Caravaning mit Wüstenflair

Bislang wenig als Camperland bekannt, klettert Südtunesien derzeit auf der Beliebtheitsskala für Caravaner weiter nach oben. Der Grund: Landesweit eröffnen immer mehr Campingplätze in großartiger Lage und mit tollen Extras. Die schönsten Plätze sind *Sidi Ali (Midoun, Djerba, Tel. 75 65 70 21)*, *Les Beaux Reves* im idyllischen Palmenhain (*Tozeur, http://beauxreves.koi29.com*) und der *Desert Club*, wo man sogar im Beduinenzelt nächtigen kann (*Douz, http://campingdouz.skyrock.com*). Brandneu sind die Campingplätze bei Gafsa (Foto) und Nefta. Ein Überblick über Campingmöglichkeiten und weitere Informationen für aktive Caravaner findet sich auch im Internet (www.offroad-reisen.com/REISEN/TUNESIEN/TUN-Camping/TUN-Camp.htm).

▶▶ SZENE

▶▶ CINEASTEN

Entertainment von der Leinwand

Bei den neuesten Movies tunesischer Produktionen stehen Cineasten vor den Kinos Schlange. Auch wenn populäre einheimische Drehbuchautoren und Regisseure wie Nouri Bouzid, Férid Boughedir oder Moufida Tlatli aus unterschiedlichen Teilen Tunesiens kommen, so erreichen ihre Filme selbstredend auch die Kinos im Süden. Top angesagt ist zurzeit z.B. Boughedirs Produktion Villa Jasmin. Jüngster Streifen von Nouri Bouzid ist Making of. Mittlerweile Kultcharakter hat Les silences du palais der Regisseurin Moufida Tlatli aus dem Jahr 1994. Er gilt als Highlight des autobiografischen Kinos. Gleichermaßen populär ist ihre in Tunesien und Frankreich abgedrehte Produktion Nadia et Sarra, die u.a. im Salle de Cinéma (Houmt Souk, Rue Mustapha Ghazi, Djerba) und Le Sahara (Rue Hédi Jaballah, Tozeur) zu sehen ist. Frischen Wind beim Filme ansehen gibt es im Open-Air-Kino des Clubs Magic Life (Magic Life Mare Imperial, Plage Sidi Mahrès, Djerba, www.magiclife.com).

▶▶ WELLNESS ORIENTALISCH

Entspannung pur!

Die Jahrhunderte alten Anwendungen der arabischen Bade- und Körperkultur zeigen sich in neuem, wunderschönem Gewand: Nicht umsonst gilt das Ambiente luxuriöser Spas als „Märchen aus Tausendundeiner Nacht"! Angesagt sind orientalische Massagen begleitet von Wohlgerüchen aus Lavendel, Rosmarin und Jasmin. Hitverdächtige Variante ist die Massage mit vier Händen im Odyssée Resort & Thalasso (Zarzis, www.odyssee-resort.com). Heimische Kräuter mit herb kräftigem Duft und Sesamsamen entfalten ihre Wirkung unter Hitzeeinwirkung bei der Herbarelaxmassage. Die Körper- und/oder Gesichtsmassage mit Kräuterkissen weckt die Lebensgeister z.B. im Hotel Mövenpick Ulysee Palace & Thalasso (Djerba, www.moevenpick-djerba.com) oder im Radisson SAS Resort & Thalasso (Djerba, www.djerba.radissonsas.com).

Bild: Saharafestival in Douz

> VON ABERGLAUBE BIS WÜSTENSCHIFF

Karawanenhandel und Seefahrt haben den Süden Tunesiens gleichermaßen beeinflusst

ABERGLAUBE

Gerade in modernen Zeiten mit ihren vielen Brüchen braucht man etwas zum Festhalten. Wie eh und je tragen Jugendliche in Tunesien den Fisch oder die Hand der Fatima als Symbol zum Schutz gegen Unheil. Diese baumeln an silbernen Ketten oder Armbändern. Man findet diese Symbole auch häufig gemalt über Eingangstüren, als Schmuckmotiv oder eingeritzt in Babywiegen. Der Fisch ist phönizischen Ursprungs und schützt – wie die Hand der Fatima – gegen den bösen Blick.

ALKOHOL

Alkohol ist im islamischen Tunesien aus religiösen Gründen nicht erlaubt. Zwar wird dieses Verbot nicht sehr ernst genommen, aber beim öffentlichen Alkoholkonsum verhalten sich

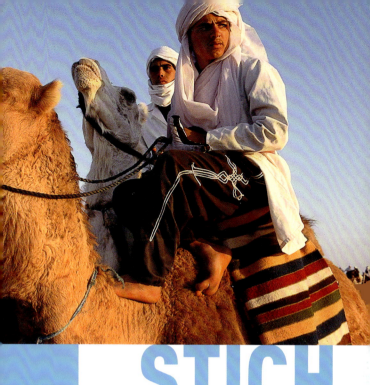

STICH WORTE

Tunesier in der Regel zurückhaltend. Ausgeschenkt werden darf Alkohol nur in Restaurants oder Cafés mit entsprechender Lizenz.

BERBER
Sie sind die Urbevölkerung des Maghreb und lebten hier lange vor Phöniziern, Römern und Arabern. Die Berber des Maghreb sprechen unterschiedliche Dialekte und sind keine stammesübergreifende, identitätsbewusste Gruppe. Sie zeichnen sich vielmehr durch ihren Individualismus aus. Dieser machte es fremden Mächten leicht, sich im Maghreb zu etablieren.

BEZNESS
Tunesien hat ungefähr 9 Mio. Einwohner, 40 Prozent davon sind unter 20 Jahre. Hohe Arbeitslosigkeit und

Perspektivlosigkeit sind trotz wirtschaftlicher Anstrengungen und Liberalisierung ein Problem unter Jugendlichen. Vor allem im Süden Tunesiens setzen daher viele auf eine Arbeit im Tourismus, andere auf Migration und manche auf die Begegnung mit einer Touristin. *Bezness,* vom amerikanischen Business, wird diese Art des Flirts genannt.

BOURGUIBA, HABIB

Er nannte sich „Oberster Kämpfer" im Unabhängigkeitskampf gegen die Franzosen und gründete 1934 die Neo-Destour-Partei. Mehrfach wurde er verhaftet, bis er schließlich 1956 die Unabhängigkeit Tunesiens erreichte und 1957 die Republik ausrief. Er gründete einen modernen Staat mit weltlicher Rechtsprechung und einer neuen Zivilgesetzgebung. Der Koran gilt in Tunesien nicht mehr, wie in vielen arabischen Ländern, als Gesetzbuch. Bourguiba hat die Frauen gesetzlich gleichgestellt und ihnen das Wahlrecht zugesprochen. Die Polygamie wurde abgeschafft, Scheidung legalisiert. Ein weiterer Schwerpunkt Bourguibas war die Bildungspolitik. Die Einschulungsquote in Tunesien liegt bei über 90 Prozent. Bourguiba regierte als westlich orientierter Patriarch mit selbstherrlichen Attitüden bis zum 7. November 1987, dann wurde er von seinem Premierminister Zine el-Abedine Ben Ali in einem unblutigen Putsch abgesetzt. Habib Bourguiba, der 97 Jahre alt wurde, starb am 6. April 2000.

CHICHA

Die Wasserpfeife, *Chicha,* ist eine aus Ägypten übernommene Mode. Inspiriert durch Seifenopern im tunesischen Fernsehen, hat sie sich vor ungefähr 20 Jahren auch in Tunesien

Genuss, Entspannung und Geselligkeit: das Rauchen der Wasserpfeife

STICHWORTE

ausgebreitet. In fast allen Cafés gibt es nun die *Chicha.* Sie wird in Tunesien auch *Nargile* genannt und mit Honigtabak geraucht.

DESERTIFIKATION

Wer Desertifikation hört, denkt an viel Sand und wenig Leben. Doch Wüstenbildung ist mehr: Es sind Flächen, die austrocknen und unfruchtbar werden; es ist die Zerstörung der natürlichen Ressourcen Boden, Wasser und Vegetation, und es ist zumeist ein von den Menschen verursachtes Problem. Die Desertifikation bedroht in Tunesien etwa die Hälfte aller Flächen, auf denen Ackerbau, Wald- und Weidewirtschaft möglich sind. Intensive Landnutzung führt dazu, dass die Böden an Fruchtbarkeit und Produktivität verlieren. Weitere Folgen sind Versalzung des Bodens sowie Erosion durch Wasser und Wind. Besonders dramatisch ist die Auswirkung der Wüstenbildung auf die Wasserressourcen, die in Tunesien bereits zu rund 90 Prozent genutzt werden. Desertifikation ist demnach in Tunesien ein gewichtiges Umweltproblem, das vor allem die Lebensbedingungen der armen ländlichen Bevölkerung massiv gefährdet. Nur mit langfristigen ökologischen, sozialen und ökonomischen Strategien kann Tunesien den Kampf gegen die Verwüstung aufnehmen und für eine nachhaltige Entwicklung sorgen.

HOCHZEIT

Hochzeiten sind *das* gesellschaftliche Ereignis. Sie werden vor allem im Sommer gefeiert. Eine traditionelle Hochzeit dauert mindestens eine Woche. Während dieser Zeit gehen Braut und Bräutigam – natürlich getrennt – ins Hammam zur Reinigung. Bei der Braut darf auch die Enthaarung am ganzen Körper nicht fehlen. In der Familie stellt man sich aufs Feiern ein, angefeuert durch spitze Schreie der Frauen. Die weiblichen Mitglieder der Familie bereiten die Braut auf die Hochzeit vor. Dazu gehört auch die Bemalung von Händen und Füßen mit Henna. Im Süden Tunesiens wird die Braut traditionell auf ein Dromedar gehoben und unter einen Baldachin aus leichten Stoffen gesetzt. Ein zweites Dromedar trug die Aussteuer.

JUDEN AUF DJERBA

Auf Djerba lebt eine der ältesten jüdischen Gemeinden. Unklar ist, ob die ersten Juden nach der Eroberung Jerusalems durch den babylonischen König Nebukadnezar (587 v. Chr.) oder unter dem späteren römischen Kaiser Titus (70 n. Chr.) hierher gelangten. Im 14. und 16. Jh. kamen noch einmal viele aus Spanien vertriebene Juden nach Djerba, mit ihnen begann ein Aufschwung des geistigen und kulturellen Lebens. Die Juden auf Djerba waren angesehene Bürger, Händler, Krämer und kompetente Silberschmiede, Spezialisten für filigrane Arbeiten. Sie führten ein abgeschiedenes Leben mit eigener Verwaltung und mischten sich kaum mit der islamischen Bevölkerung. Viele von ihnen emigrierten im 20. Jh. nach Frankreich, Israel oder nach Übersee. Die jüdische Gemeinde, die einst ein Zehntel der Bevölkerung ausmachte, ist heute auf etwa 1000 Personen geschrumpft. Wirtschaftliche Schwierigkeiten, aber auch die antijüdische Haltung der Bevölkerung mit Zuspitzung des Konflikts zwischen Israelis und Palästinensern haben die einst tolerante den Heiligen selbst. Ein Marabout war berühmt für seine Nächstenliebe, seine umfassenden religiösen Kenntnisse und seine Fähigkeit zu heilen. Wegen seiner übersinnlichen Kräfte wurde er um Rat und Hilfe gefragt. Auch heutzutage gibt es noch Gläubige, die sich für einen Marabout halten.

Von Palmen umgebene letzte Ruhestätte: Marabout bei Tozeur

Insel für die Juden unwirtlich werden lassen. Der Anschlag am 11. April 2002 auf die Synagoge La Ghriba war auch ein Anschlag auf das Jahrhunderte währende friedliche Nebeneinander von Muslimen und Juden.

MARABOUT

Das Wort bezeichnet sowohl das Grab eines heiligen Mannes als auch

MOSCHEEN

Die heilige Stätte des Islam ist die Moschee. Auf Djerba, mit seinem ländlichen Charakter, sind auch die Moscheen klein und bescheiden. Sie unterscheiden sich je nach dem Ritus, der von ihren Gläubigen praktiziert wird. Auf Djerba dominieren Anhänger zweier Glaubensströmungen: die Malekiten und die Wahabi-

> www.marcopolo.de/djerba

STICHWORTE

ten. Die Wahabiten sind eine puritanische Bewegung im Islam, die zurück zu einem Urislam wollen. Man findet viele strenggläubige Wahabiten noch heute in Saudi-Arabien. Die Malekiten hingegen sind Anhänger der in Tunesien vorherrschende Glaubensrichtung des sunnitischen Islam. Sie kam erst im 19. Jh. nach Djerba. Malekitische Moscheen werden gekrönt von einem hohen Minarett, wahabitische sind niedriger und haben ein Lämpchen auf dem Turm. Auf Djerba waren die Moscheen immer auch Wehrburgen. Vom Minarett aus konnte man die Annäherung von Feinden beobachten.

POLITIK

Wundern Sie sich über das Porträt des tunesischen Präsidenten Zine el-Abedine Ben Ali, das Ihnen von jeder Hotelbar, jedem Geschäft, jeder öffentlichen Anlage entgegenblickt? Tunesien hat eine laizistische, republikanische Verfassung und de facto ein Einparteiensystem: Die regierende *Rassemblement Constitutionnel Démocratique (RCD)* des Präsidenten Ben Ali ist seit der Ausrufung der Republik an der Macht. Das Land will eine moderne, westlich orientierte Demokratie sein und gilt als das aufgeschlossenste und befriedetste unter den Maghrebstaaten Algerien, Marokko, Mauretanien und Libyen. Doch immer wieder weisen Menschenrechtsorganisation wie Amnesty International auf Menschenrechtsverletzungen und Unterdrückung von Oppositionellen durch den Staat hin. Eine Opposition existiert so gut wie nicht. Auch die islamistische Partei Ennahdha (Wiedergeburt) ist in Tunesien verboten.

SPRACHE

Die Amtssprache in Tunesien ist Arabisch, aber die lange Kolonialherrschaft der Franzosen hat dazu geführt, dass fast jeder Tunesier auch Französisch spricht. In vielen größeren Hotels, besonders in den touristischen Zonen, sprechen einige der Angestellten auch Deutsch.

WÜSTENSCHIFF

„Nur das Kamel kennt Allahs hundertsten Namen, daher sein hochmütiger Blick", lautet ein arabisches Sprichwort. Ohne die ausdauernden und zähen Kamele oder Dromedare wäre die Wüste vor der Erfindung der Allradfahrzeuge unpassierbar gewesen. Doch dank dieses Wüstenschiffs konnten Menschen die Wüste durchqueren. Das Kamel in Tunesien ist allerdings ein Dromedar und hat nur einen Höcker. In diesem Höcker wird nicht Wasser, sondern Fett gespeichert. Wenn ein Dromedar bei der Wüstendurchquerung nicht genug zu essen bekommt, verbrennt sein Körper dieses Fett, und der Höcker schrumpft. Wenn sich das Tier satt gefressen hat, füllt sich auch der Höcker wieder. Dromedare trinken 20 bis 50 l pro Tag, aber sie kommen auch zwei Wochen ohne Wasser aus. Nach so einer Durststrecke können sie bis zu 150 l in kurzer Zeit trinken. Dromedare sind sehr sparsam, was den Flüssigkeitsverbrauch anbelangt. Erst bei Temperaturen ab 42 Grad fangen sie an zu schwitzen.

TANZ, MUSIK UND REITERSPIELE
Der Süden feiert traditionell und mit einem Hauch von Wüste

> In islamischen Ländern ist der Freitag und nicht wie bei uns der Sonntag Ruhetag. In Tunesien jedoch ist dies nicht immer klar auszumachen, es wird unterschiedlich geregelt. An offiziellen und religiösen Feiertagen sind Geschäfte und oft auch Restaurants geschlossen, allerdings nie in den touristischen Zonen.

OFFIZIELLE FEIERTAGE
1. Jan. Neujahrstag; **20. März** Nationaler Unabhängigkeitstag; **9. April** Märtyrer-Gedenktag; **1. Mai** Tag der Arbeit; **25. Juli** Tag der Republik; **13. Aug.** Tag der Frau; **7. Nov.** Nationalfeiertag zur Machtübernahme von Präsident Zine el-Abedine Ben Ali

RELIGIÖSE FEIERTAGE
Islamische Feste werden nach dem Mondkalender berechnet; ein Mondjahr ist kürzer als ein Sonnenjahr, deswegen finden sie jeweils etwa 11 Tage früher als im Vorjahr statt.
Aïd El Kebir Großes Opfer- oder Hammelfest (8. Dez. 2008, 27. Nov. 2009); **Ras El Aam Hejri** Beginn des islamischen Jahres (18. Dez. 2009, 7. Dez. 2010); **Mouled** Geburtstag des Propheten Mohammed (9. März 2009, 27. Feb. 2010); **Aïd Es Seghir** Zwei Tage im Anschluss an den Fastenmonat Ramadan (1. Okt. 2008, 22. Sept. 2009)

FESTIVALS
Jede Region Tunesiens hat ihre speziellen Feste. Genaue Termine erfahren Sie bei den nationalen Fremdenverkehrsbüros.

März
Festival des Ksour in Tataouine, Ende März: Treffen südtunesischer Berberstämme mit Reiterspielen, Kamelrennen und Berberhochzeit
Touristisches Saharafest in Douz: kommerzielle Neuauflage des traditionellen Fests mit Reiterspielen, Wettkämpfen und Folklore

Aktuelle Events weltweit auf www.marcopolo.de/events

> EVENTS
FESTE & MEHR

April/Mai
33 Tage nach dem Passahfest wird in der Synagoge La Ghriba das Laghma-Omer-Fest gefeiert. Aus aller Welt reisen dann die emigrierten Juden an. Die zweitägigen Feierlichkeiten wirken wie ein großes Familienfest. Höhepunkt ist die Versteigerung einfacher Tücher, Bilder oder Blumen. Diese Auktion, an der sich alle lautstark und rege beteiligen, dient dem Unterhalt der Synagoge.

Juli
Schwammfest in Zarzis: zwei Wochen Musik und Animation, Angebote rund um den aus den Tiefen des Meers geholten Schwamm

August
Odysseus-Fest in Houmt Souk: Odysseus soll einst auf Djerba gewesen sein. Mit Tanz, Musik und folkloristischen Darbietungen wird daran erinnert.
Festival von Sidi Jemour: Pilgerfahrt zum Marabout Sidi Jemour an der Westküste Djerbas

Festival von Matmata: Darstellungen mit Musik und Tanz, Präsentation von Folklore und Traditon
Töpferfest in Guellala mit Tanz, Folklore und traditionellen Gewändern

September
Surfbrettregatta auf Djerba: Wettbewerb von Ajim bis Houmt Souk mit Animation und Abendprogramm

November
Tag des Sahara-Tourismus in Tataouine: Reiterspiele und folkloristische Vorführungen der Region

Dezember
Olivenfestival in Bir Lahmar-Tataouine: Auf dem Programm stehen das Kosten von Oliven und Olivenöl, Musik und Animation.
Sahara-Festival in Douz: drei Tage Reiterspiele, Kamelwettkämpfe und Besucher aus dem ganzen Maghreb

> ROTE SAUCEN UND HARISSA

Die tunesische Küche ist von mediterranen und orientalischen Einflüssen geprägt

> Fast alle Kulturen, die ihren Fuß auf tunesischen Boden setzten, haben ihre kulinarischen Spuren hinterlassen. Wein und Oliven kamen mit den Griechen, die Franzosen haben die Weintradition in der Kolonialzeit wieder aktiviert und das Weißbrot mitgebracht.

Kaffee und Gewürze wie Kurkuma, Cumin, Ingwer und Safran brachten die Araber aus dem Orient. Vor allem aber wurde die tunesische Küche von den Osmanen beeinflusst: Auberginen, Pasteten, der feine Teig des *brik* und süßes Gebäck stehen in dieser Tradition. Auch die tunesischen Juden haben ihre eigenen Rezepte mitgebracht. Ihr *tchoulend,* ein Ragout aus Rinderinnereien, wird stundenlang gekocht. Berberischer Herkunft ist das Couscous, das Nationalgericht des Landes.

Hervorstechendes Merkmal der tunesischen Küche sind rote Saucen. Sie sind rot, weil sie meist aus Toma-

Bild: Couscous und andere Spezialitäten

ESSEN & TRINKEN

ten gemacht werden, aber auch durch das typisch tunesische Gewürz *harissa,* das oft hinzugegeben wird. Tunesien hat eine kräftige, gut gewürzte Küche, die schärfste im Maghreb. In den Familien kommen täglich Gerichte wie Couscous, Makkaroni, Eintöpfe und Salat auf den Tisch. Aufwendigere Speisen gibt es an Feiertagen. Morgens wird neben Milchkaffee mit Weißbrot auch noch die traditionelle Getreidegrütze gegessen, im Süden Datteln mit Milch. Käse gibt es in Tunesien, er ist aber auf dem täglichen Speiseplan unüblich. Eine gute Mahlzeit für zwischendurch ist das tunesische Sandwich, *casse-croûte.* Es ist mit Thunfisch, *merguez* oder Käse belegt, mit Tomaten und Gurken garniert und mit *harissa* bestrichen – etwas scharf, aber köstlich!

Fisch ist auch in Tunesien teuer und daher kein alltäglicher Genuss.

In Restaurants wird Fisch häufig gegrillt serviert. Die besten Fische sind *dorade* (Goldbrassen), *loup de mer* (Seebarsch) und *mérou* (Zackenbarsch).

Das Fleisch (hauptsächlich Lamm bzw. Hammel, Huhn oder Rind) ist stets nach islamischem Ritus geschächtet, das heißt nach dem Schlachten vollständig ausgeblutet. Schweine gelten im Islam, ebenso wie im Judentum, als unreine Tiere. Schweinefleisch wird deshalb nur in kleinen Mengen für die ausländischen Gäste der Hotels nach Tunesien importiert.

> SPEZIALITÄTEN
Genießen Sie die typisch tunesische Küche!

SPEISEN

brik – Vorspeise aus einem hauchdünnen Teig *(malsouka)*, ausgebacken in heißem Fett und gefüllt mit Ei und Thunfisch, Fleisch, Kartoffeln, Huhn oder Garnelen. Das Eigelb muss noch flüssig sein.

brochettes – gegrillte Fleischspieße, meist aus Lammfleisch

chakchouka – Gemüseeintopf, meistens mit Tomaten, Kartoffeln und Paprika

chorba – Suppe mit Fleisch und Fadennudeln oder Gersten- bzw. Weizenschrot *(frik)*

Couscous – das Nationalgericht aus Grieß mit einer Sauce aus Gemüse, mit Fisch, Geflügel oder Fleisch – zahlreiche Varianten

doigts de Fatma – Appetithäppchen aus hauchdünnem Teig, mit Fisch oder Fleisch gefüllt und ausgebacken

gnawiya – Lamm- oder Rindfleisch mit Okraschoten in Tomatensauce

harissa – scharfe Paste aus roten Peperoni, Koriander, Gartenkümmel und Knoblauch

mechoui – über dem Holzkohlenfeuer gegrilltes Lamm

melouchia – grüne Sauce aus den Blättern des Melouchiastrauchs mit Fleischstücken

merguez – scharfe Würstchen aus Rind- oder Lammfleisch

ojja – in Öl gebratenes Gemüse mit Eiern und Fleisch, *merguez,* Fisch oder Meeresfrüchten

salade tunisienne – Salat aus klein gewürfelten Tomaten, Paprika, Gurken und milden Zwiebeln

tajine – Auflauf mit Gemüse, Fleisch, Fisch oder Geflügel und viel Ei

GETRÄNKE

boukha – klarer Feigenschnaps, der eiskalt getrunken wird

thé à la menthe – grüner Tee, mit Zucker und frischer Minze aufgekocht und mit Pistazien oder Mandeln verfeinert (Foto)

ESSEN & TRINKEN

Um in Ihrem Quartier gutes zu essen, sollten Sie schon ein Viersternehotel buchen. Die Hotelpreise in Tunesien werden von den Veranstaltern sehr stark gedrückt. Daher kann sich ein günstigeres Hotel beispielsweise den Standard europäischer Frühstücksgewohnheiten nicht leisten. Um bei den niedrigen Preisen noch zu verdienen, sparen die Hoteliers oft am Essen. Als Abwechslung zur Hotelküche können Sie auch die kleinen tunesischen Restaurants aufsuchen. Das Essen dort schmeckt meist gut, ist preiswert und gibt Ihnen darüber hinaus einen unverfälschten Geschmack der würzigen Landesküche. Alkohol wird dort allerdings meist nicht ausgeschenkt.

Es gibt eine große Auswahl an guten tunesischen Weinen (rot, weiß und rosé). Die Weingebiete liegen im Norden des Landes. Besonders die auch aus Frankreich bekannten Rebsorten Chardonnay, Cabernet Sauvignon und Merlot werden hier kultiviert und zu meist trockenen Weinen ausgebaut.

Zum Dessert finden Sie eine reiche Auswahl an Obst wie Mandarinen, Orangen, Pfirsiche, Feigen, Aprikosen, Granatäpfel, Weintrauben. Wer nicht auf Zucker und Linie achtet, der ist mit tunesischer Patisserie und Dessertkultur gut bedient. Angeboten werden mit Rosenwasser verfeinerte Cremepuddings, Cremeschnitten mit Schokolade oder die spezielle tunesische Patisserie, die aus viel Nüssen, Mandeln oder Dattelpaste hergestellt wird. *Baklawa, makrout, bouza* sind nur ein kleiner Teil des schmackhaften und sehr dekorativ aussehenden Kleingebäcks.

Zum allabendlichen Fastenbrechen im Ramadan wird geschlemmt. Ein typisches Ramadanmenü auf Djerba beginnt mit einem Glas kalter Milch mit Datteln. Danach gibt es die Suppe *chorba*, die Teigrolle *brik*, dann einen Salatteller mit gutem

Erfrischend: raffiniert verfeinerte Säfte

Brot, worauf die Menschen im Fastenmonat besonderen Wert legen. Nach einer Pause wird dann Gegrilltes oder Makkaroni oder dicke Eintöpfe aufgetragen. Als Nachspeise folgen in Fett ausgebackene Teigwaren. Ein Minztee, verfeinert mit Pinienkernen, bildet den krönenden Abschluss.

WEIHRAUCH, HENNA UND KERAMIK
Auf den Märkten Südtunesiens
finden Sie die alten Schönheitsmittel und Gewürze

> Traditionelle Kunsthandwerksartikel wie Messing- und Töpferwaren werden heute zum großen Teil industriell produziert. Der hämmernde Kupferschmied im Souk ist meist nur pittoreske Kulisse. Doch etwas abseits der ausgetretenen Touristenpfade können Sie noch schöne, ausgewählte Stücke und Antiquitäten finden. Einen guten Überblick über Angebot und Preise geben immer die staatlichen *Artisanats* (ONAT und Socopa). Die Waren in diesen Läden sind geprüft und mit Preisen ausgezeichnet, und Sie können dort ungestört stöbern.

GEWÜRZE
Auf allen Märkten Tunesiens findet man zu günstigen Preisen Gewürze wie Gelbwurz, Kreuzkümmel, scharfen Paprika, Anis, Koriander, Pfeffer oder Chili. Die Stände mit den riesigen, bunten Gewürzbottichen sind eine Augenweide. Empfehlenswert auch die hausgemachte Harissapaste. Die aus Tunesien stammende, scharfe Gewürzpaste ist in der gesamten nordafrikanischen Küche bekannt. Es gibt verschiedene Rezeptvarianten in den einzelnen Ländern, wobei die tunesische Version die schärfste ist, da sie den größten Chilianteil hat. Besonders für ein Couscous geeignet.

KERAMIK
Wunderschöne große Couscous-Schüsseln, die sich hervorragend als Obstschalen verwenden lassen, Fischplatten, Teller und Tassen - das Angebot an bunter Keramik ist überbordend. Glasierte Keramik kommt meistens aus Nabeul im Norden, unglasierte Töpferwaren gibt es vor allem in Guellala auf Djerba.

LEDER
Taschen aus Kamelleder und Gürtel, aber auch Lederjacken werden überall auf den Märkten angeboten. Dabei ist die Qualität und die Verarbeitung des Leders nicht immer gut. Als Mitbringsel bieten sich Neukreationen von modernen Designern, kleine Rucksäcke oder auch die größeren Reisetaschen aus weichem Kamelleder an.

> EINKAUFEN

OLIVENHOLZ
Überall in den Souks oder auf den Wochenmärkten findet man schöne Schüsseln, Bretter, Stößel und Bestecke aus Olivenholz. Diese eigenen sich hervorragend als Mitbringsel.

SCHÖNHEITSMITTEL
In den Souks bekommen Sie viele ätherische Öle und Weihrauch. Interessant sind auch die alten Schönheitsmittel. Henna dient zum Färben der Haare oder zum Bemalen von Händen und Füßen. Khol, das schwarze Pulver, trägt man auf das Innenlid auf. Es verteilt sich mit der Augenflüssigkeit, ist gesund und macht den umflorten Blick der Orientalin. Ein effektives Deo ist cheb. Dazu wird pulverisierter Alaunstein mit dem Duftstein musk verkocht. Tfal, das Haarwaschmittel, besteht aus Schlammerde, die, mit Wasser vermischt, dem Haar einen kerngesunden Glanz verleiht.

SILBERSCHMUCK
Auch der traditionelle Silberschmuck der Berber, den Sie überall bekommen, ist schön. Leider fehlt es an modernen Kreationen und Neuentwicklungen. Die Schmuckstücke sind die immer wiederkehrende Imitation der alten Vorlagen und Muster. Vorsicht: Nicht alles was als alt verkauft wird ist es auch.

TEPPICHE
Die Teppichpreise sind nicht festgelegt. Damit Sie eine Preisvorstellung bekommen, vergleichen Sie die Preise immer mit denen der staatlichen Läden. Die wichtigsten Knüpfteppiche sind: *Alloucha* – ein hochfloriger Teppich aus Schafwolle mit cremefarbenem Grundton und dunklem Muster; *Ktifa* – ein langer, hochfloriger Teppich mit Berbermotiven; *Zabiya* – der bunte Klassiker aus Kairouan. Die bekanntesten Webteppiche sind der gestreifte *Kelim* aus Schafs- und Kamelwolle und der *Mergoum* mit ungewöhnlichen geometrischen Mustern.

> DJERBA, EINE OASE AUF DEM MEER

Die Insel, einst Warenumschlagplatz und Sklavenmarkt, eignet sich für Badeurlaube und Ausflüge auf das Festland

> **Djerba – das klingt nach Afrika und Orient, nach Sonne und Meer. Vor allem im Frühjahr, wenn man mit Rad, Mofa oder zu Fuß das Eiland erkunden kann, entfaltet die 514 km² große Insel ihren Charme.**

Aber auch im Sommer, wenn die unerbittliche Sonne auf Palmen, Olivenhaine und Strände brennt, lockt Djerba viele Urlauber an. Odysseus soll hier einst gestrandet sein: In der Odyssee berichtet Homer von einer lieblichen Insel, ihren honigsüßen Früchten und den freundlichen Menschen. Odysseus konnte seine Männer von dort nur mit Gewalt zur Weiterfahrt bewegen. Das Getränk der Lotophagen, der Lotusesser – gemeint war wohl der beseelende, süße Wein der Dattelpalme, *laghmi* –, entzückte seine Mitfahrer und verleitete sie zum Bleiben. Auch heute verführt die Insel Urlauber massenhaft. Die meisten sind Pauschaltouristen, die sich in der touristischen Zone nieder-

Bild: Plage de la Séguia

DJERBA

lassen. Und dennoch sind Djerbas Strände nie sonnenölgetränkt.

Djerba besticht vor allem durch Alltagspoesie: mit seinen kleinen Kramläden, wo die Ware kunstvoll gestapelt auf Käufer wartet, mit seinen Marktständen und bunten Gewürzen, durch seine Fischer, Friseure, Schneider, Kupferstecher und Schmuckhändler. In den Fischerhäfen Djerbas sieht man überall Tonkrüge, die aus den Töpfereien der Insel stammen. Die aufeinandergeschichteten Tontöpfe wirken wie moderne Kunstobjekte, pittoreske Alltagskunst. Sie werden für den Fang von Tintenfischen benutzt.

Die Djerbi, die im Gegensatz zu den Festlandtunesiern im Allgemeinen stämmiger und kleiner sind, gelten als individualistisch und selbstbewusst. Das mag an der stürmischen Geschichte der Insel liegen und daran, dass der Anteil der Inselbewoh-

AJIM

ner, die berberischer Herkunft sind, sehr groß ist. Doch Touristen gegenüber zeigen sich die Djerbi freundlich, interessiert und – außer manch-

Fischer am Strand beim Flicken der Netze

mal in den touristischen Zonen – zurückhaltend.

Die Verfügbarkeit und die Gewinnung von salzfreiem Grundwasser wird auf Djerba mehr und mehr zu einem Problem. Der Grundwasserspiegel sinkt dramatisch. Abgestorbene Palmenhaine sind das sichtbare Zeichen dafür. Möglich wurde die intensive touristische Nutzung ohnehin erst durch den Bau einer Wasserpipeline. Das Wasser wird aus 120 km Entfernung vom Festland über die Dammstraße bei *El Kantara* herangeführt. Außerdem wird Trinkwasser aus einer Meerwasserentsalzungsanlage gewonnen.

> www.marcopolo.de/djerba

AJIM

[116 A–B3] **Kleine Barken dümpeln am Strand, während im Hafen die großen Frachter einlaufen. Der Ort im Südwesten Djerbas (2500 Ew.) ist inzwischen der Haupthafen der Insel.** Der kleine Ort war schon unter den Karthagern das Eingangstor Djerbas. Hier tobte die Seeschlacht zwischen Dragout und den Spaniern. Allerdings zeugen keine historischen Überreste von seiner Geschichte. Selbst von dem mittelalterlichen Fort *Bordj el Marsa* sind nur einige Ruinen zu sehen. In dem langgezogenen Ort gibt es viele Souvenirläden und einen kleinen, überdachten Fischmarkt. Bekannt ist Ajim für seine Schwammtaucher. Die Zahl derjenigen, die diesen sehr harten Beruf ausüben, wird jedoch immer geringer. Noch werden die aus dem Meer geholten Badeschwämme aber überall angeboten. Das Naturprodukt, früher benutzten es die Tunesier sogar zum Bodenwischen, ist inzwischen teuer. Von Ajim fährt die Autofähre zum nahen Festland nach *Djorf (Fahrzeit etwa 15 Min.)*.

ESSEN & TRINKEN
COMPLEXE DE L'OASIS
Kleines Café, das mitten im Zentrum liegt. Von der schönen Terrasse können Sie die Haupt- und Geschäftsstraße gut überblicken. *Vom Hafen kommend rechts an der Hauptstraße*

SALEM
Das Restaurant sieht zunächst sehr unscheinbar aus, doch es lohnt sich. Das Fischgericht, meistens steht nur ein Menü zur Auswahl, ist ausgezeichnet. Das Salem ist bekannt und

DJERBA

sehr beliebt bei Einheimischen. *Rue Jidaouni, vom Hafen kommend die Hauptstraße bis zur großen Uhr, dann rechts abbiegen | tgl. mittags geöffnet | Tel. 75 66 06 20 | €€*

ZIELE IN DER UMGEBUNG

PALMENHAIN [116 A–B1]
Gleich hinter Ajim liegt der dichteste Dattelpalmenhain der Insel. Von April bis Oktober können Sie hier Tonkrüge in manchen Palmen aufgehängt sehen, in denen der Saft aus dem Stamm der Dattelpalme aufgefangen wird.

UNTERIRDISCHE MOSCHEE [112 B5]
Wenn Sie von Ajim nach Houmt Souk fahren, sollten Sie am Meilenstein 8 km hinter Ajim auf eine kleine Gabelung links achten. Eine Schotterpiste führt dort zu einer unterirdischen Moschee. Sie diente den verfolgten Ibaditen als verborgene Gebetsstätte. Achtung: Die Zufahrt zur Moschee ist nicht ausgeschildert und schwer zu finden. Am besten fragen Sie einen Einheimischen.

WESTKÜSTE [112 A1–5]
Eine Piste am Strand entlang führt von Ajim bis Bordj Djillidj. An diesem westlichen Küstenstreifen mit seiner Steinküste gibt es wenig Strände und daher kaum Menschen. Es ist das wilde, das poetische Djerba. Hier gibt es keinerlei Infrastruktur: Die Westküste ist touristisch noch nicht erschlossen. Nur einige vereinzelte, stilvolle Villen befinden sich in dieser einsamen Gegend. Die verlassene Moschee *Sidi Jemour*, am Meer gelegen, ist ein Haltepunkt an dieser Strecke. Die Pilgerstätte hat einen kleinen Fischerhafen mit Strand.

Dieser westliche Küstenstreifen kann auch mit dem Fahrrad (Mountainbike!) befahren werden, die Straßenverhältnisse auf der Sandpiste sind mäßig. Nehmen Sie ausreichend

MARCO POLO HIGHLIGHTS

★ Houmt Souk
Reges Treiben herrscht in den verwinkelten Marktgassen (Seite 37)

★ La Ghriba
Sagenumwobene Synagoge (Seite 46)

★ Plage de Sidi Mahrès
17 km Strand für Sonnenhungrige (Seite 51)

★ Midoun
Palmen, Gärten, Obstplantagen und ein großer Wochenmarkt (Seite 46)

★ Guellala
Djerbas Hochburg der Töpferei (Seite 34)

★ Flamingoinsel (Ras R'mel)
Schöne Sandstrände – und im Winter Flamingos (Seite 45)

★ Plage de la Séguia
Die kleinere der beiden Touristenzonen (Seite 51)

★ Mahboubine
Hier steht eine der schönsten Moscheen der Insel (Seite 50)

GUELLALA

Proviant mit, denn Einkehrmöglichkeiten gibt es nicht.

GUELLALA

[117 E3] ★ **Der Ort (8000 Ew.) mit seinem touristischen Töpfermarkt ist wie der Nachbarort Sedouikech umgeben von Talmulden, in denen die Töpfer ihren Ton abbauen.** Entlang der Hauptstraße reihen sich die Keramikläden. Guellala ist ein touristisches Dorado für Ausflugsfahrten. Einige Geschäfte zeigen gern ihre altüberlieferten Handwerkskünste an der Drehscheibe. Viele Brennöfen sind wie eh und je tief in der Erde vergraben. Von alters her verschifften die Djerbi ihre Keramik in alle Teile Tunesiens und den gesamten Mittelmeerraum.

Die großen, irdenen Gefäße dienten als Vorratsbehälter und zum Transport von Wasser, Olivenöl und Wein. Im alltäglichen Gebrauch wurden sie mehr und mehr durch unzerbrechliche Plastikbehälter ersetzt. Heute setzt man daher vor allem auf den Verkauf an Touristen; diese sind allerdings mehr an glasiertem Geschirr als an den schlichten Krügen interessiert. Dazu bedarf es aufwendigerer Brennöfen, die sich nicht alle leisten können. So wird in Guellala neben eigener Produktion auch das industriell gefertigte bunte Tongeschirr aus Nabeul verkauft. *Markttage: Sonntag und Mittwochvormittag*

■ SEHENSWERTES

MUSEUM VON GUELLALA

In diesem Museum, das durch Privatinitiative entstand, können Sie einen Blick in heimische Küchen, Schlafzimmer und Salons werfen und unter der Erde bei der Produktion von Olivenöl zuschauen. Café, Geschäfte und eine ✲ Terrasse mit wunderbarem Ausblick machen das Ausflugsziel sehr attraktiv. *Auf einem Hügel außerhalb des Orts | tgl. Winter 8–18, Sommer 8–22 Uhr | Eintritt 5 TND*

■ ESSEN & TRINKEN

LA GRANDE JARRE

Kleines, günstiges Restaurant an der Straße zum Museum. €

BEN DILANE

Nettes Café mit gutem Cappuccino im Zentrum von Guellala.

Museum von Guellala

DJERBA

EINKAUFEN

ALI BERBÈRE
Auf Djerba wachsen etwa 500 000 Olivenbäume, einige stammen angeblich noch aus römischer Zeit. Bei Ali Berbère bekommen Sie eines der Erzeugnisse daraus: gutes Olivenöl. *Gegenüber der Post an der Straße nach El Kantara*

FEHTI BEN AISSI
Der Töpfer gibt in seiner Werkstatt eine gute Einführung in das Handwerk. *An der Straße nach Ajim*

GALFAT ABDELGANI
Dies ist ein Familienbetrieb, der sich auf klassische Formen und traditionelle Verarbeitung spezialisiert hat. In einer Seitenstraße gleich beim Zentrum von Guellala gelegen, ist die Kunstgalerie schon von weitem sichtbar.

LA PERFECTION
Der Töpfer und Dorfschreiber von Guellala hat das magische Kamel erfunden und eine Bonbonniere für Kinder. Das magische Kamel ist hohl und lässt sich mit Wasser füllen, das aus dem Maul wieder herausläuft. Keramikartikel sowie Tassen, Teller und Schalen gibt es in reichlicher Auswahl. Der Sohn des einfallsreichen Dorfschreibers führt die Geschäfte fort. *Atelier de Younes El Ghoul, an der Straße nach El Kantara*

ZIELE IN DER UMGEBUNG

EL KANTARA [117 F4]
Ein eher unscheinbarer Ort mit einer Kaserne. Hier, 8 km südöstlich von Guellala, beginnt der zum Festland führende Römerdamm. Er wurde zur römischen Zeit gebaut und blieb bis 1550 weitgehend erhalten. Zumindest erfüllte er als Straße der Kamele, *Trik el Djemel,* weiterhin seine Funktion als Verbindung der Insel mit dem Festland. Dann zerstörte der osma-

Das Töpferhandwerk erfordert Konzentration und eine ruhige Hand

nisch-türkische Admiral Dragout einen Teil des Damms, um der spanischen Flotte, die Dragouts Schiffe bei El Kantara eingeschlossen hatten, zu entkommen. Erst in den 1950er-Jahren wurde der mit der Zeit überall geborstene Damm wieder hergestellt. Parallel dazu läuft die Rohrleitung, die die Hotels in der touristischen Zone mit Wasser versorgt.

GUELLALA

EL MAY [114 A4]
Die hübsche Ortschaft (4000 Ew.) liegt 10 km von Guellala entfernt in Richtung Houmt Souk in der Mitte der Insel. Sehenswert ist die Moschee *Umm et Turkia* aus dem 16. Jh. Samstags ist beliebter Markt mit Produkten aus der Umgebung.

MENIX [119 F4]
Nur ein paar Steine geben Zeugnis von der einst bedeutenden römischen Siedlung 5 km südöstlich von Guellala, die wahrscheinlich im 9. Jh. vor Chr. von Phöniziern gegründet wurde. Für Nichtarchäologen wenig lohnend.

ZARZIS [121 F3]
Die Oasenstadt Zarzis (15 000 Ew.), die etwa 35 km von Guellala entfernt auf dem Festland liegt, wird oft zu Djerba gezählt. Sie bietet den gleichen touristischen Standard: schöne Sandstrände vor den Luxushotels, Palmen, weiße Häuser. Wer den Ausflug hierher mit einem Marktbesuch verbinden möchte, sollte montags oder freitags kommen. Sie erreichen Zarzis über den Römerdamm. Nehmen Sie dann die links abbiegende Touristenstraße. Sie führt am Strand entlang. Überall im Zentrum von Zarzis gibt es Restaurants, Cafés und Imbissbuden. Die Stadt ist ruhig und beschaulich. Markttage sind Montag und Freitag (in Zarzis), Mittwoch (im Viertel El Mouensa) und Samstag (im Vorort Souihel).

Die Strandzone mit einer Länge von knapp 10 km beginnt ungefähr 3 km nördlich von Zarzis. Machen Sie einen Stopp im Restaurant *Le Typique (Tel. 75 70 57 88 | kein Ruhetag | €–€€)* gegenüber dem Sangho-Club. Dort können Sie in einem kleinen Garten auf der Veranda essen. Preiswerte Übernachtungsmöglichkeiten bietet z. B. das kleine Strandhotel *Nozha* am Anfang der Zone Touristique *(16 Zi. | Tel. 75 69 45 93 | Fax 75 69 43 35 | €).*

Reste des römischen Handelsorts Menix liegen neben der Küstenstraße

DJERBA

HOUMT SOUK

 KARTE IN DER HINTEREN UMSCHLAGKLAPPE

[113 D–E 1–2] ⭐ **Der quirlige Ort (63 000 Ew.) ist Djerbas Hauptstadt. Houmt Souk heißt Marktflecken.** Hier war der Warenumschlagsplatz zwischen Wüste und Mittelmeer, hier endeten die Karawanen aus der Sahara, von hier wurden Elfenbein, Gold und Sklaven in den Mittelmeerraum verschifft. Das Spannendste an Houmt Souk sind bis heute die Marktgassen. Die teilweise überdachten Gässchen sind die Reviere der Weber, Schneider, Juweliere, Gerber, Sticker, Kupferstecher, Teppich-, Leder- und Parfümhändler. Sie haben sich mehr und mehr auf den touristischen Bedarf ausgerichtet, aber bis heute findet man auch wundervolle Woll- oder Stoffläden mit Waren für den alltäglichen Gebrauch.

Die Souks sind traditionell nach Wirtschaftszweigen geordnet. Hier können Sie hervorragend bummeln, denn die Einkaufsgassen sind zwar verwinkelt, aber sehr klein und damit übersichtlich. Von einer verwirrenden arabischen Altstadt, der sogenannten Medina, hat Houmt Souk nichts. Überall gibt es Cafés und schattige Plätze zum Ausruhen. Der überdachte Souk ist auch bei Sommerhitze einigermaßen geschützt. Handwerker, oft noch mit der traditionellen Kopfbedeckung *chechia* und im langen Burnus, erinnern an die Geschäftigkeit der Handelshochburg von einst. Alte Männer mit gegerbten Gesichtern laufen durch die Gassen, einen Frotteeschal als Sonnenschutz um den Kopf gewickelt.

In den Lagerhäusern, den *foundouks,* wurden einst die Waren aufbewahrt. In diesen Karawansereien lagerten Tuche, Gewürze und andere Spezialitäten aus dem Orient im Erdgeschoss, die Dromedare waren im Innenhof und die Reisenden im ersten Stockwerk untergebracht. Einige dieser Lagerhäuser sind heute einfache, aber idyllische Hotels. Im 19. Jh. ließen sich Malteser auf Djerba nieder. Die Insel war für sie, nachdem die Briten Malta kontrollierten, der ideale Ausgangspunkt zum Schmuggel vor allem von Waffen zwischen Europa und Nordafrika. Ihre Geschäfte liefen gut, da sich die nordafrikanischen Länder an allen Fronten bekriegten. Die kleine, aber einflussreiche Minderheit der Malteser baute immer neue Lagerhäuser. Die fanatisch katholischen Malteser besuchten zusammen mit den Kolonialfranzosen die 1848 errichtete Kirche. Sie steht heute leer. In der daneben liegenden alten Kapelle des Oratoriums findet allerdings jeden Sonn- und Feiertag um 10 Uhr ein christlicher Gottesdienst statt, nahe dem Kino auf der *Place d'Algérie*.

■ SEHENSWERTES
BORDJ EL KEBIR

In der Nähe des Hafens liegt die alte Verteidigungsanlage Bordj el Kebir. Sie wurde im 12. Jh. von Roger de Loria errichtet, der die Insel im Auftrag des Königs von Aragón eroberte. 1560 bezog der Korsar Dragout die Festung und ließ sie weiter ausbauen. Später war sie in den Händen der Beys von Tunis, dann in denen der Franzosen. Lange Zeit war die Anlage militärisch unbedeutend und

HOUMT SOUK

zerfiel immer mehr. Erst mit dem aufkommenden Tourismus begannen die Renovierungsarbeiten. Im Innenhof des Militärbaus stößt man überraschend auf einen Marabout, das Grab des Heiligen Ghazi Mustapha. *Tgl. außer Fr Sommer 8–19, Winter 9.30–16.30 Uhr | Eintritt 3 TND*

BORDJ EL RAS

Einen kleinen Spaziergang vom Zentrum entfernt (1 km) liegt der Hafen. Etwa auf halber Höhe am Strand, zwischen dem Hafen und der Festung Bordj el Kebir, erinnert ein kleiner weißer Obelisk an das dramatische Ende des letzten Eroberungsversuchs der Spanier 1560. Dem Korsarenführer Dragout gelang es, die Schiffe der Spanier zu verbrennen, 5000 Mann mussten sich ergeben. Alle wurden geköpft, ihre Schädel zu einem Turm, dem Bordj el Ras, am Strand aufgestapelt. Die gebleichten Knochen des Schädelturms waren bis 1848 makabres Mahnmal für den gnadenlosen Umgang mit Feinden. Erst auf Druck der Franzosen, die mehr und mehr im Maghreb aktiv wurden, veranlasste der Bey von Tunis, dass die Überreste der Spanier begraben wurden. An den makabren Turm erinnert heute noch der unscheinbare Obelisk.

MOSCHEEN

Im Norden werden die Souks von der *Türkenmoschee* begrenzt, im Osten von der *Fremdenmoschee*. Beides sind keine ibaditischen Moscheen. Sie wurden von den Türken erbaut, denn die Besiedlung des Marktfleckens Houmt Souk begann spät mit den Osmanen.

Zu islamischen Heiligtümern haben in Tunesien nur Muslime Zutritt.

MUSÉE DE L'ART ET DES TRADITIONS POPULAIRES

Trachten, Schmuck und Küchengeräte, aber auch Hochzeitsriten. Das Museum gibt einen guten Einblick in Tradition und Lebensweise. *Avenue Abdelhamid el Kahdi, im Mausoleum*

> DRAGOUT
Der Korsar im Dienst des Sultans

Der legendäre Pirat kaperte Schiffe, kämpfte gegen Spanier, Genuesen und Malteser. Er eroberte wichtige Stützpunkte im Kampf zwischen Spaniern und Türken um die Vorherrschaft am Mittelmeer und wurde schließlich von den Türken geadelt und zum Bey ernannt. Das Kapern von Schiffen, die Piraterie, war vom 14. bis zum 18. Jh. übliche Strategie.

1510 landeten die Spanier mit einer großen Flotte auf Djerba. Sie wurden von den Djerbi in einen Hinterhalt gelockt und getötet. Die Djerbi waren wahre Verbündete der Korsaren. Dragout machte Djerba zu seinem Stützpunkt. 1550 griffen die Spanier die Insel erneut an und umzingelten Dragouts Flotte bei El Kantara. Nachts hoben Dragouts Männer eine Fahrrinne aus und entkamen dank dieser List. Der Siegeszug des Korsaren und damit der Türken an der Küste Tunesiens war nicht mehr aufzuhalten.

DJERBA

Sidi Zitouni | tgl. außer Fr April–Mitte Sept. 9.30–16.30, Mitte Sept.–März 8–12 und 15–19 Uhr | Eintritt 3 TND

ESSEN & TRINKEN

BACCAR
Eines der ältesten Restaurants von Houmt Souk; angenehme Inneneinrichtung. Es gibt auch Tische im Freien. ausgezeichneter Fisch serviert. *Place Hedi Chakar | Tel. 75 65 07 08 | kein Ruhetag | €€*

BEN YEDDER
Touristisches Café mit großer Terrasse. Die Ben Yedders sind die bekanntesten Süßigkeitenhersteller Tunesiens; guter Kaffee. *Place Farhat Hached*

LE CARTHAGE
Günstiges tunesisches Restaurant mit einem schmackhaften Angebot von Pizza bis Couscous. *11, Avenue Badra | Tel. 75 62 03 50 | kein Ruhetag | €*

CAFÉ DE L'ENVIRONNEMENT
Ein kleiner Rundbau, in einem Park Richtung Hafen gelegen. Die große Terrasse des hübschen Cafés unter schattigen Bäumen bietet einen angenehmen Aufenthalt. *Route de Lamarsa*

LA FONTAINE
Das Haus offeriert eine große Auswahl an Eis und Fruchtsäften. Hier treffen sich Tunesier abends zum Ausgehen auf der Terrasse. Es gibt

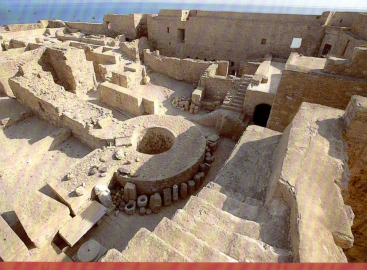

Die Festung Bordj el Kebir wurde im 12. Jh. angelegt

HOUMT SOUK

auch Pizza; kein Alkoholausschank. *Rue du 2-Mars-1934 | gegenüber der Türkenmoschee | kein Ruhetag | €*

HAROUN
Sehr schön am Hafen gelegenes Luxusrestaurant. Küche und Ambiente sind sehr gut, die Rechnung ist sehr hoch. *Am Hafen hinter dem Hotel Lotus | Tel. 75 65 04 88 | Mo geschl. | €€€*

DE L'ÎLE
Lassen Sie sich nicht vom Erdgeschoss irritieren, das gute Restaurant ist in der ersten Etage. Hier bekommen Sie schmackhafte Fischgerichte in angenehmer Atmosphäre. *Place Hedi Chaker | Tel. 75 65 06 51 | kein Ruhetag | €€*

CHEZ MONNIR
Insider Tipp

Sie kaufen ihren Fisch bei der Fischversteigerung auf dem Markt und lassen ihn im Monnir zubereiten. Das kleine Restaurant liegt in einer Passage des Zentralmarkts gleich neben dem Fischmarkt und gegenüber dem Restaurant Tunisien. Hier wird Ihr Fisch gebraten und in einer Viertelstunde mit einem guten Salat serviert. Sie können ihn an kleinen Tischen vor dem Restaurant verzehren, denn der Bratengeruch drinnen ist heftig. Viele Tunesier essen hier. *So geschl. | €*

PAPAGALLO
Das Restaurant unterscheidet sich von anderen in seiner Auswahl an Meeresfrüchten, es gibt aber auch Pizza und Lasagne und Tiramisu. *Avenue Habib Bourguiba | Tel. 21 41 62 16 | kein Ruhetag | €€€*

TUNISIEN
Restaurant auf dem Zentralmarkt, gegenüber dem Chez Monnir. Hier wird gute, klassische tunesische Küche serviert. *So geschl. | €*

■ EINKAUFEN

ANAN TURKI
Insider Tipp

Der kleine Kiosk auf dem Gewürzmarkt fällt kaum auf. Hier steht Herr Anan Turki jeden Vormittag und hält die Familientradition aufrecht: Er ist wie sein Vater Destillateur von Blumendüften, die er zubereitet und verkauft. Rosenwasser verfeinert den Kaffee oder das Gebäck, Orangenblütenwasser ist gut für den Obstsalat oder zum Parfümieren der Hände. Jasmin empfiehlt Herr Turki nach dem Verlassen des Bades. Zermahlener Baroukstein, gemischt mit Rosenwasser, ist eine gute Gesichtsmaske, und Apfelessig war im Orient schon immer wegen seiner verschönernden Wirkung bekannt. Herr Turki füllt Ihnen die gewünschten Duftwässer gern ab. *Zentralmarkt*

ARIES
Insider Tipp

Handgestrickte Pullover, Seidenschals oder originelle Seidenkleider – die Italienerin Marie Aries arbeitet mit djerbischen Schneiderinnen zusammen und hat die traditionelle Handarbeit Djerbas für den europäischen Geschmack weiterentwickelt. Eine Fundgrube: Jedes Stück ist ein Einzelstück; feste Preise, entspannte Atmosphäre. *Rue 9 Avril*

ARTISANAT AROUA
Der nette Herr Abdelaziz führt eine kleine Kunstgewerbeboutique mit vernünftigen Preisen. Er kennt die

> *www.marcopolo.de/djerba*

DJERBA

Unlust vieler Urlauber, sich aufs Feilschen einzulassen. *99, Avenue Habib Bourguiba | gleich bei der Post*

FETHI MELITTI
Ein Besuch dieser kleinen Weberei lohnt sich. Hier können Sie wunderschöne traditionelle Stoffe in schillernden Farben bewundern und bekommen auch eine Einführung in das Handwerk. *12, Place Aouled Hafoz*

FISCHMARKT
Jeden Morgen ist die Fischhalle von Houmt Souk voll. Dann findet die Fischversteigerung statt. Drei alte Männer auf hochgestellten Stühlen verkaufen Zackenbarsche, Seebarben und andere Fische zum gebotenen Höchstpreis – ein wortgewaltiges, buntes Spektakel, das Sie sich nicht entgehen lassen sollten.

FOUNDOUK EL GOULLA DE POTERIE
Große Auswahl an Töpfereiartikeln aus heimischer Produktion. *Rue Habib Bougatfa (Parallelstraße zur Rue Bizerte)*

LIBYERMARKT
In der Nähe des Hafens finden jeweils am Montag- und Donnerstagvormittag der Gemüsemarkt und der bunte Libyermarkt statt. Man bekommt dort alle Arten von Waren, viele stammen, wie der Name vermuten lässt, aus Libyen.

MALERATELIERS
Bechir Kounali malt schöne Aquarelle mit lokalen Motiven *(Place Farhat Hached, gegenüber dem Rathaus)*. Auch der sehr charmante Monsieur Kanoun verkauft farbenfrohe Malerei *(gegenüber der Kondi-*

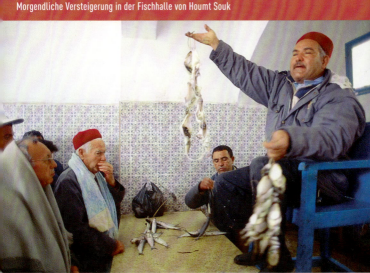

Morgendliche Versteigerung in der Fischhalle von Houmt Souk

HOUMT SOUK

torei Mihirisi in der Rue Abdel Hamid-el-Kadhi).

MICHÈLE – ART ET TRADITION
Ausgesuchte Antiquitäten aus der Umgebung, Kunsthandwerksartikel und typische Kleidung zu festen Preisen bietet die Französin Michèle ihren Kunden in der *Rue des Antiquaires.*

Dies stimmt jedoch nicht. Die Verkäufer dort sind zudem sehr aufdringlich.

SOUKS
In Houmt Souk finden Sie typische Ledersachen (das Leder kommt aus der Türkei) wie Taschen, Gürtel, Jacken, aber auch Teppiche, Decken, Silberschmuck und Tonwaren. Ge-

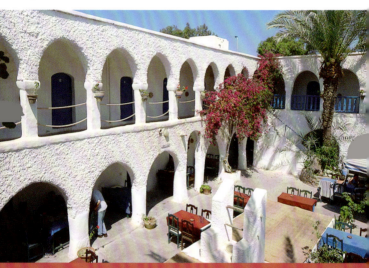
Hotel in einer alten Karawanserei: Marhala du Touring Club

SOCOPA
Mit Preisen ausgezeichnet und geprüft sind die Waren im *Office de l'Artisanat, Avenue Habib Bourguiba.* Dort finden Sie einen Querschnitt tunesischer Handarbeiten mit Qualitäts- und Preisgarantie. Vorsicht: Der Laden *Artisanat* weiter vorn auf der Avenue Habib Bourguiba Richtung Zentrum gibt sich gern als staatliches Geschäft aus.

würze, Henna und andere Schönheitsmittel gibt es auf dem Gewürzmarkt. Wenn Sie Silberschmuck im jüdischen Viertel kaufen, müssen Sie sich, wie überall in den Souks, aufs Feilschen einlassen.

WARLID
Das Geschäft hat eine große Auswahl schöner Wasserpfeifen zum Großhandelspreis. *Gegenüber dem Orato-*

Insi Ti

> **www.marcopolo.de/djerba**

DJERBA

rium, einer Seitenstraße der Place d'Algérie

ÜBERNACHTEN

EL ARISHA
Ein alter Foundouk mit Innenhof und Thermalbecken: Hier gibt es saubere Zimmer mit und ohne Dusche. Ein Restaurant und eine Bar sind ebenfalls vorhanden; gutes Preis-Leistungs-Verhältnis. *22 Zi. | 36, Rue Ghazi Mustapha | Tel. 75 65 03 84 | Fax 75 65 39 45 | www.lotushotel.com | €*

DAR-FAIZA
Gegenüber der Festungsanlage Bordji el Kebir in einer ruhigen Straße liegt das Hotel Dar-Faiza. Früher war es die Villa eines französischen Grafen. Das Haus hat 25 einfache Zimmer mit Bad und Dusche, ein Restaurant, eine Terrasse, einen Swimmingpool und eine Bar im Garten. *6, Rue de la République | Tel. 75 65 00 83 | Fax 75 65 17 63 | €€*

EL-MACHREK
Einfach, modern, Innenhof mit Snackbar. Gleich neben dem Busbahnhof. *49 Zi. | Avenue Habib Bourguiba | Tel. 75 65 31 55 | Fax 75 65 31 57 | €€*

ERRIADH
Eine Herberge, ein alter Foundouk, mit besonderem Charme. Die 29 im lokalen Stil eingerichteten Zimmer liegen um einen Innenhof mit Jasminsträuchern und Blumen, in dem die Vögel morgens und abends ein lautes Konzert anstimmen. Schlichter Komfort: Badezimmer, Ventilator, Telefon, im Winter mit Zentralheizung. *10, Rue Mohammed El-Ferjani | Tel. 75 65 07 56 | Fax 75 65 04 87 | €*

ESSALEM
Zentral gelegen und sauber. Die zwölf Zimmer sind einfach und etwas veraltet. Fernseher im Salon, angenehme Atmosphäre. Hier steigen vor allem Tunesier ab. *Rue Remada | Tel./Fax 75 65 10 29 | €*

JUGENDHERBERGE
Einfache Zweibettzimmer mit Dusche und Zimmer ohne Dusche, insgesamt 45. Die Jugendherberge ist eine alte, gepflegte Karawanserei und hat eine Cafeteria und eine Bibliothek. Gutes Preis-Leistungs-Verhältnis. *11, Rue Montsef Bey | Tel. 75 65 06 19 | €*

LOTOS
Familiäre Pension in einem Haus im Kolonialstil kurz vor dem Hafen. 14 Zimmer mit Ventilator und Bad. *18, Rue de la République | Tel. 75 65 00 26 | Fax 75 65 11 27 | €€*

MARHALA DU TOURING CLUB
Alte Karawanserei; korrekt und günstig. Oft voll belegt, trotz 50 Zimmern, die alle auf den Innenhof gehen. Hier wird auch Alkohol ausgeschenkt. *Rue Montsef Bey | Tel. 75 65 01 46 | €*

SABLES D'OR
Ein schönes altes Haus, mit Geschmack eingerichtet. Die zwölf Zimmer sind mit Dusche ausgestattet und liegen in einem Innenhof. *30, Rue Mohammed El-Ferjani | Tel. 75 65 04 23 | €€*

HOUMT SOUK

FREIZEIT & SPORT

HAMMAM
Besuchen Sie einen städtischen Hammam, und lassen Sie sich auf die Waschrituale der Einheimischen und die Behandlung mit dem rauen Handschuh ein, ein wohltuendes Ganzkörperpeeling – garantiert span-

Besonders in den Wintermonaten besuchen Flamingos die nach ihnen benannte Insel

nender als das Hammamangebot in der Ferienanlage. Der älteste und interessanteste Hammam ist *Sidi Brahim (17, Rue de Bizerte | tgl. außer Mi Männer 6–12, Frauen 13–18 Uhr | 3,5 TND)*. **Insider Tipp**

RADFAHREN
Sportangebote und Sportgeräte gibt es vor allem in den touristischen Zonen direkt im Hotel. Ein lokaler Vermieter von Fahrrädern für die Inseltour in Houmt Souk ist *Rais | Avenue Abdelhamid El-Khadi | Tel. 75 65 03 03*.

STRÄNDE
Der erste Strand, der diesen Namen verdient, liegt etwa 10 km östlich, dort, wo die touristische Zone Djerbas beginnt. Es ist ein städtischer Strand mit Duschen und Sonnenschirmen, der regelmäßig gesäubert wird. Etwa 1 km weiter befindet sich der sogenannte Strand der 5000 Jahre. Man überquert Dünen, um dorthin zu kommen. Der Strand ist sehr einsam! Die Wasserqualität ist, wie überall, gut.

AUSKUNFT

COMMISSARIAT GÉNÉRAL AU TOURISME
Avenue de l'Environnement, rechts in Richtung touristische Zone | Tel. 75 65 05 44 | Fax 75 65 05 81

SYNDICAT D'INITIATIVE
Place des Martyrs | neben der Post | Tel. 75 65 09 15

ZIELE IN DER UMGEBUNG

BORDJ DJILLIDJ [112 A1]
Die osmanische Festung im Nordwesten der Insel, die Ali Pascha 1745 gründete, ist heute eine Militäranlage. Lohnenswert ist der kleine Fischereihafen unterhalb der Festung. **Insider Tipp** In den felsigen Buchten sind Reihen von Palmzweigen im Meer aufgestellt. An diesem ruhigen, beschaulichen Ort 12 km westlich von Houmt Souk können Sie hervorragend das traditionelle Fischen mit Palmzweigen und Tonkrügen beobachten. Die Palmzweige dienen zur sogenannten Langleinenfischerei. Ein Spalier von Palmzweigen wird auf einer Sandbank im Meer angelegt. Diese Sperre hält die Fische zurück. Der Strom spült sie dann in eine Reuse, sodass

> *www.marcopolo.de/djerba*

DJERBA

die Fischer sie am Morgen bergen können.

Eine andere Technik ist das Fischen mit Tonkrügen. Sie wird in der Zeit von Dezember bis März, wenn das Mittelmeer erkaltet, angewandt. Die Krüge werden, mit einem Strick zusammengehalten, auf den Sandbänken ausgelegt. Tintenfische, die einen sicheren, warmen Unterschlupf suchen, begeben sich hinein. In der Morgendämmerung sammeln die Fischer sie dann ein.

FLAMINGOINSEL (RAS R'MEL) ★ [113 F1]

Ein Ausflug zur nördlichen Flamingoinsel Ras R'mel. Auf den Sandbänken vor der nördlichen Landspitze lassen sich von Dezember bis März die rosafarbenen Flamingos nieder. Es gibt verschiedene Mög-

> BÜCHER & FILME
Interessantes und Wissenswertes über Tunesien

- > **Die Fremde** – der Roman des tunesischen Schriftstellers Albert Memi handelt von einer binationalen Ehe. Der Elsässerin Marie bleibt die tunesische Familie ihres Mannes ebenso fremd wie die archaischen Traditionen Tunesiens. Der Roman wurde in den 1950er-Jahren geschrieben, ist aber heute so aktuell wie damals.
- > **Durch die Wüste** – das Buch von Karl May war eines der ersten, das Europäern die Gefahren der Salzwüste Tunesiens näher brachte.
- > **Sandmeere** – die Autorin Isabelle Eberhardt (1877-1904) war begeistert von der Wüste. „Auf dem rauen, prächtigen Boden Afrikas ist die Schönheit dieses Landes einzigartig", schrieb sie über den Süden Tunesiens.
- > **Despoten vor Europas Haustür** – (2005) die tunesischen Autoren Sihem Bensendrine und Omar Mestiri schidern das problematische Verhältnis Europas zu den repressiven Machthabern im Maghreb.
- > **Das Schweigen des Palastes** – (1993) der Film der tunesischen Regisseurin Moufida Tlatlis wurde mehrfach preisgekrönt. Es ist eine Reise in die dunkleren Tiefen der arabischen Gesellschaft, die hier als feudale gezeichnet ist.
- > **Zeit der Männer, Zeit der Frauen** – (2001) dieser Film von Moufida Tlatlis thematisiert das Leben von drei Frauengenerationen auf Djerba.
- > **Fatma** – (2001) um archaische Vorstellungen und modernes Frauenleben geht es in Khaled Gorbals Film.
- > **Honig und Asche** – (2002) der Film von Nadia Anliker Fare beschreibt drei Frauenschicksale.
- > **Satin Rouge** – (2002) Raja Amari erzählt eine ungewöhnliche Mutter-Tochter-Beziehung in Tunesien.
- > **Bezness** – (1988) ein tourismuskritscher Film des tunesischen Filmemachers Nouri Bouzid über den Ausverkauf der Küste.
- > **Puppen aus Ton** – (2004) in diesem Film beschreibt der Regisseur Nouri Bouzid das Schicksal junger Mädchen aus dem Süden Tunesiens, die als Hausmädchen nach Tunis geschickt werden.

MIDOUN

lichkeiten, von Houmt Souk auf die *Île des Flamants* zu gelangen: große Schiffe, kleine Schiffe, Glasboden- oder Piratenboote. Sie können aber auch einen Fischer im Hafen fragen, ob er Sie übersetzt. Man kann auf der Flamingoinsel gut fischen, baden oder einfach nur geruhsam den Tag verbringen. *Organisierte Tagestouren kosten 35 TND | drei Mahlzeiten und Folkloreprogramm inklusive | buchbar unter Tel. 756 55 69.*

LA GHRIBA ★ [113 E4]

Fährt man von Houmt Souk Richtung El Kantara, stößt man an der Stadtgrenze auf *Hara Kebira* (Großes Ghetto). Der Ort war früher Zentrum der Juden. Etwa 6 km weiter liegt *Erriadh,* früher *Hara Seghira* (Kleines Ghetto), und etwas außerhalb die Synagoge La Ghriba, die interessanteste Sehenswürdigkeit auf Djerba. Das Fundament der von außen unscheinbar wirkenden Synagoge soll noch aus der Zeit der ersten jüdischen Zuwanderer stammen (527 v. Chr., nach der Eroberung Jerusalems durch den babylonischen König). Der heutige Bau wurde 1920 auf den alten Überresten errichtet. Einer der Gründungslegenden zufolge sollen die Flüchtlinge damals einen Stein aus dem zerstörten Jerusalemer Tempel nach Djerba gebracht haben. Eine andere Legende berichtet von einer Frau, die an diesem Ort lebte und Hilfesuchenden mit Rat und Tat zur Seite stand. Als ein Blitz in ihre Behausung einschlug, brannte alles nieder, aber ihr Leichnam blieb unversehrt. Auf dieses Wunder hin beschloss man, hier ein Gotteshaus zu errichten. Daher der Name La Ghriba – die Wundertätige. In der Synagoge wird eine alte Thorarolle in Holzschatullen aufbewahrt.

Die nach dem Anschlag vom 11. April 2002 wieder renovierte Synagoge hat eine prachtvolle, mit blauen Keramikkacheln ausgeschmückte Innenausstattung. Holzschnitzereien, Sitzbänke und Stoffe mit schönen Stickereien folgen den Vorschriften des Judentums, die weder Fresken noch Statuen dulden. Einmal im Jahr ist die Synagoge Schauplatz des *Laghba-Omer-Fests.* Beim Besuch müssen Schuhe ausgezogen und der Kopf bedeckt werden. *Tgl. außer Samstagvormittag | Eintritt 1 TND*

MIDOUN

[115 D3] ★ **Mit 50 000 Einwohnern ist Midoun nach der Hauptstadt Houmt Souk die zweitgrößte Stadt Djerbas.** Die Nähe

> ÖLMÜHLEN
Öl war immer ein Quell des Wohlstands auf Djerba

Auf Djerba gibt es viele unterirdische Ölmühlen, denn diese garantieren eine von den Jahreszeiten unabhängige, gleichmäßige Temperatur. Ölmühlen erkennt man von außen an der niedrigen, weiß gekalkten Kuppel. Man sieht sie überall. Durch einen Gang gelangt man zu den Mühlsteinen, die früher von einem Esel oder Dromedar gezogen wurden.

DJERBA

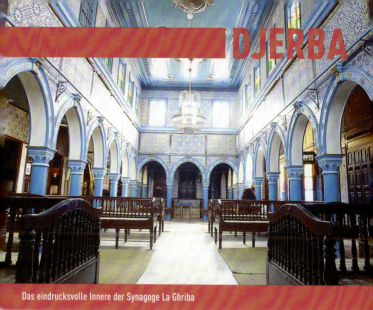

Das eindrucksvolle Innere der Synagoge La Ghriba

zur touristischen Zone hat aus Midoun einen modernen Ort gemacht. Freitags findet in allen Gassen ein bunter Markt statt, die Händler kommen mit Gemüse, Töpferwaren, Datteln oder Fisch von ganz Djerba. Die Frauen Midouns tragen zu den typischen breitkrempigen Strohhüten Tücher mit Streifen aus orange schimmernder Seide. Man nennt sie *Melhafa Damiyati,* weil sie ursprünglich im ägyptischen Damietta gewebt wurden. So zeigen sich die einstigen Handelsbeziehungen der Djerbi noch heute.

Midoun ist der Garten Djerbas, das Zentrum der Menzel und Irrgärten. Die festungsartigen Wohnanlagen mit ihren Gärten sind typisch für das Landesinnere. Überall auf der Insel verstreut liegen die kubischen weißen Häuser, versteckt hinter stachligen Kakteenhecken, hohen Dattelpalmen oder knorrigen Ölbäumen. Die Wände sind aus Kalkstein gemauert, verputzt mit Gips. Da sich das private Leben in der Großfamilie abspielt, sind diese Häuser nach dem Baukastenprinzip leicht zu erweitern. Traditionell bleiben die Söhne bei der Familie. Manchmal haben sich ganze Weiler aus einem Familienverbund ergeben. Der Garten des Gehöfts wird durch eine Mauer begrenzt. Fast alle Gärten haben eine Zisterne oder einen zur Grundwasserschicht reichenden Ziehbrunnen. Oliven, Mandeln, Granatäpfel, Aprikosen und Pfirsiche, Datteln, Tomaten und Bohnen wurden hier angebaut und gaben dem Gehöft seine Eigenständigkeit.

SEHENSWERTES

FANTASIA
Jeden Dienstag um 15 Uhr organisiert das offizielle Touristenbüro ein Spektakel. Die Fantasia ist eine folkloristische, touristische Präsentation einer Berberhochzeit mit traditionellen Tänzen und Trommeln. *Im Zentrum | Eintritt 2 TND*

MIDOUN

UNTERIRDISCHE ÖLMÜHLE

Unterhalb des Marktplatzes, 100 m vom Hospital entfernt, an der Straße nach Tourgueness gegenüber der neuen Moschee, liegt eine traditionelle unterirdische Ölmühle. Temperatur und Feuchtigkeit dieses Gebäudes zur Öllagerung und -gewinnung waren ideal. *Frei zugänglich*

■ ESSEN & TRINKEN

BILEL

Schlichtes, aber gutes Restaurant mit tunesischer Küche. Probieren Sie dort den Tintenfisch und das tunesische Gericht *Melouchia*. *Rue Salah Ben Youssef | kein Ruhetag |* €

CAFÉ DE LA JEUNESSE

Kleines Café unter schattigen Bäumen mit leckerem Orangensaft. *Im Zentrum, beim Syndicat d'Initiative*

LE GOURMET (Insider Tipp)

Leckeres, feines Gebäck, Torten, Kuchen und Cappuccino aus Arabica-Kaffee bekommen Sie im maurischen Café Le Gourmet mit einer Terrasse auf der gegenüberliegenden Straßenseite. *Avenue Habib Bourguiba*

EL GUESTILE

Kleiner Garten mit Steinbänken und Tischen, hier gibt es allerdings wenig Schatten. Vorspeise und Pfefferminztee sind im Preis enthalten. Korrekte Preise, sehr empfehlenswert. *21, Rue Marsa Ettefa | neben dem Marktplatz | kein Ruhetag |* €€

WHISPERING PALMS (Insider Tipp)

Das Restaurant Whispering Palms und das dazugehörige Café Arabe unter deutsch-tunesischer Leitung bieten hervorragende mediterrane Küche und leckere Kuchen in einem sehr schönen Garten. Alkohol wird ausgeschenkt. *6 km vor Midoun zwischen Hotel Club Alice und Sofitel | Tel. 75 75 74 87 | Mo geschl. |* €€€

PIZZERIA ZITOUNA

Viele Einheimische besuchen dieses Lokal. Es gibt selbst gebackenes Brot, Couscous und Fischgerichte. *Rue Sidi Sherif | kein Ruhetag |* €

SIDI-BOU SAID

Restaurant mit kleiner, schattiger Terrasse; gutes Couscous und Fischgerichte. Kein Alkoholausschank. *Im Zentrum | kein Ruhetag |* €

> MENZEL

Typische Gehöfte auf Djerba

Die kleinste Einheit der Kulturlandschaft Djerbas ist der Menzel, der intensiv bewirtschaftete Hof, der einem Familienverband Unabhängigkeit sichert. Er beherbergt einen vielseitigen Garten, Ölbäume und eine Weberei. Diese überall verstreut liegenden Gehöfte waren stets so angelegt, dass sie auch zur Verteidigung ihrer Bewohner dienen konnten. Mauern und Hecken der Menzel, aber vor allem ihre undurchschaubare Anordnung machten das Landesinnere der Insel zu einem Labyrinth von Wegen, zu einem Irrgarten, in dem sich Eindringlinge nur schlecht zurechtfanden.

DJERBA

■ EINKAUFEN

LES DÉLICES DE DJERBA
Probieren Sie diese unnachahmlichen Süßigkeiten: Die gefüllten Datteln und Mandelmakronen sind auch ein schönes und originelles Mitbringsel. *Rue Ali Belhaouane*

Innenhof gibt es einen Brunnen. 5 km bis zu einem schönen Sandstrand. Das Haus gehört einem djerbischen Mediziner, der auf Service und Stil Wert legt. *36 Zi. | Rue du 13 Août | Tel. 75 73 00 06 | Fax 75 73 00 93 | €€*

Reges Treiben herrscht jeden Freitagmorgen auf dem Markt in Midoun

Insider Tipp LIBYSCHER MARKT
Jeden Freitagmorgen findet ein sehr schöner bunter Markt in Midoun statt. Angeboten werden Kleidung, z. B. Kaftane, Decken, Gewürze und andere Dinge, die sich als exotische Andenken an Ihren Urlaub auf Djerba eignen.

■ ÜBERNACHTEN

DJERBA MIDOUN
Modernes Hotel im djerbischen Stil mit allem Komfort, im gefliesten

JAWHARA
Einfaches, aber sauberes Hotel. Dusche und Toilette im Zimmer. Eine Bar befindet sich im Erdgeschoss. *14 Zi. | Rue Echabi | Tel. 75 73 04 67 | €*

■ AUSKUNFT

SYNDICAT D'INITIATIVE
Im Zentrum von Midoun. Hier können Sie auch Plätze für das Fantasia-Spektakel vorbestellen. Das Syndicat d'Initiative erreichen Sie über die ge-

TOURISTISCHE ZONE

Die Plage de la Séguia ist an einigen Stellen fast menschenleer

genüberliegende Reiseagentur *Jerba Midoun Voyage | Tel. 75 73 00 75.*

ZIELE IN DER UMGEBUNG

Insider Tipp Von Midoun lohnen sich besonders Ausflüge mit dem Fahrrad oder kleine Wanderungen. Es gibt in der näheren Umgebung der Stadt viel von dem zu entdecken, was Djerba einst ausmachte: alte Mühlen und Gehöfte, Brunnen und wunderschöne Olivenhaine.

ARKOU [115 E4]

Etwa 6 km südlich von Midoun liegt das kleine Dorf Arkou. Hier durften die Sklaven früher einen eigenen Markt abhalten. Die eher dunkle Hautfarbe der Einwohner von Arkou zeugt noch heute davon, dass sie Nachfahren der Sklaven aus dem Sudan sind, die sich nach dem Verbot des Sklavenhandels 1946 auf Djerba niederließen. Sie arbeiten heute meistens als Gärtner, Maurer und Musikanten, die bei Festen und Hochzeiten aufspielen. Bestickte Decken, *ferrachia* und *batania* genannt, die man heute noch auf Djerba findet, wurden einst im Tausch gegen Sklaven bis nach Schwarzafrika ausgeführt.

MAHBOUBINE ★ [114 C4]

Vorbei an den typischen Gärten der Insel führt die Straße von Midoun 3 km in westlicher Richtung nach Mahboubine (4000 Ew.). Lohnenswert ist dort die Betrachtung der Moschee mit ihren weißen Mauern und vielen Kuppeln, die im Jahr 1903 fertiggestellt wurde. Sie ist eine Miniaturkopie der Hagia Sophia in Istanbul. Ali el-Kateb, ein reicher Kaufmann aus Mahboubine, der sich in Istanbul niedergelassen hatte, stiftete sie seinem Heimatdorf.

TOURISTISCHE ZONE

[114–115 C–F 1–5] Lange, saubere weiße Strände, schöne Hotels, umgeben von Palmengärten, bis zu 28 Grad warmes Wasser, keine Hektik – Djerba ist ein Ferienpa-

> *www.marcopolo.de/djerba*

DJERBA

radies. Touristisches Hoheitsgebiet der Insel sind die beiden ineinander übergehenden Hotelzonen an den Stränden *Sidi Mahrès* und *Séguia*. Sie liegen im Osten der Insel und sind eine Welt für sich. Sehenswürdigkeiten gibt es hier nicht, dafür Hotels und Clubanlagen dicht an dicht mit allen Angeboten, die Strandurlauber wünschen.

Die ⭐ *Plage de la Séguia* ist der kleinere und beschaulichere Strandabschnitt. Er erstreckt sich 4 km hinter dem militärisch genutzten, nicht öffentlich zugänglichen Leuchtturm *Ras Tourgueness (Rass Taguermès)* nach Süden und ist am Ende bei *Bordj Kastil* oft menschenleer. Einige Abschnitte der teilweise felsigen Küste sind von schattenspendenden Palmen bewachsen.

Die ⭐ *Plage de Sidi Mahrès* ist wesentlich größer und zieht sich ungefähr 17 km lang hinter dem Leuchtturm nordwestlich bis etwa 10 km vor Houmt Souk. In dieser sogenannten *Zone Touristique* finden die Urlauber sämtliche Einrichtungen, die für einen gelungenen Strandurlaub mit den neuesten Standards nötig sind. Manche Hotelanlagen auf Djerba sind marmorbestückte Paläste, bei deren Entwurf die Architekten ihre Orientphantasien ausgelebt haben – Paläste der Moderne mit großen Hallen, die einen Besuch allemal lohnen. Die meisten Hotels liegen am Meer.

■ SEHENSWERTES

KROKODILE IM FREIZEITZENTRUM [115 F3]

Insider Tipp

Hinter dem Leuchtturm in Richtung Aghir befindet sich ein Freizeitkomplex mit einem Museum zur Kunst des Maghreb *(Eintritt 5 TND)* und einer Austellung zur Alltagskultur der Insel *(Eintritt 4 TND)*. Der Höhepunkt des Freizeitzentrums ist jedoch die Krokodilfarm *Animalia*: In großen Bassins tummeln sich 400 Nilkrokodile *(Eintritt 6 TND)*. Ein Ticket für den ganzen Komplex kostet 13,5 TND.

> IBADITEN UND ALMOHADEN
Verschiedene Glaubensrichtungen auf Djerba

Vorherrschende Glaubensrichtung ist der Ibadismus, der auf eine frühe Abspaltung von den Schiiten, die so genannten Kharidjiten (die Ausziehenden), zurückgeht. Bis zum 9. Jh. umfasste der politische Einflussbereich dieser Lehre Westalgerien, Südtunesien und Djerba. Diese Islamauslegung betont die Gleichheit der Gläubigen und spricht den Nachfolgern Mohammeds das Recht auf Herrschaft über die Muslime ab. Die Berber widersetzten sich damit den arabischen Eroberern aus dem Nahen Osten. Deren Glaubensrichtung hatten die Almohaden, ein Berberstamm des Maghreb, übernommen. Nachdem sie von den orthodoxen Almohaden besiegt worden waren, zogen sich die Ibaditen nach Djerba zurück. Ihr Glaube, den es immer wieder gegen die sunnitische Mehrheit zu verteidigen galt, dürfte ein Grund für den Individualismus und die Eigenwilligkeit der Djerbi sein.

TOURISTISCHE ZONE

SEBHKA DE SIDI GAROUS [115 F3-4]

Zwischen der Route Touristique und einer schmalen Landzunge, die sich vom Leuchtturm *Ras Tourgueness* in Richtung Süden erstreckt, liegt die Lagune, die bei Niedrigwasser größtenteils trockenfällt. Sie bietet vielen Wasservögeln Nahrung.

ESSEN & TRINKEN

In fast allen Hotels der Touristikzone kann man auch à la carte essen. Hier seien nur einige spezielle Restaurants empfohlen.

BIERBRUNNEN [115 D1]

Zwei Sorten Bier werden hier ausgeschenkt: das tunesische Celtia und Löwenbräu. Die Bierbar mit Garten hat eine angenehme Atmosphäre. Tunesische Küche. *Plage de Sidi Mahrès, im Hotel Haroun | kein Ruhetag* | €€

LE CAPITAINE [115 E5]

Einfache tunesische Küche im Zentrum von Aghir am Ende der Plage de la Séguia. Nette Abwechslung zu den überquellenden Büfetts der Ferienanlagen. *Tel. 75 60 08 94 | kein Ruhetag* | €

DALY MEZRAY [114 C1]

Das Café und Restaurant mit guter tunesischer Küche bietet auch deutschen Filterkaffee und deutschen Kuchen. Der Kuchen wird von der sympathischen Besitzerin Rosi, die das Restaurant mit ihrem tunesischen Mann Anoir betreibt, selbst gebacken. Rosi ist beliebte Anlaufstelle und Gesprächspartnerin für deutsche Urlauber – ein Stück Heimat in der Fremde. Das Restaurant wurde für seine saubere Küche ausgezeichnet. *Plage de Sidi Mahrès, auf der Hauptstraße in Richtung Houmt Souk 1 km nach dem Casino auf der linken Seite, Schild: deutscher Filterkaffee | Tel. 96 89 83 25 | kein Ruhetag* | €€

DIWAN [115 D2]

Restaurant mit Bauchtanz, Livemusik und Animation. *Route Touristique, von Houmt Souk kommend links, kurz vor der Abzweigung nach Midoun | Tel. 75 73 36 14 | kein Ruhetag* | €€ – €€€

RENDEZ-VOUS [115 D2]

Gutes Restaurant mit mediterraner Küche. *An der Abzweigung von der Route Touristique nach Midoun | Tel. 75 65 91 19 | kein Ruhetag* | €€

> WOHIN BITTE?
Straßennamen und Hausnummern unbekannt

Das Hotel? Sie finden es gegenüber der Moschee, gleich hinter dem Zentralmarkt. Das Café? Gleich hinter dem Hotel Miramar, rechts. Viele Ortsangaben, vor allem außerhalb der großen Städte, sind in Tunesien etwas vage und ungefähr. Aber keine Angst, Taxifahrer oder Passanten können Ihnen trotzdem den Weg zeigen, wenn Sie die ungefähre Richtung oder einen markanten Punkt angeben. Straßennamen, geschweige denn Hausnummern, gibt es vor allem in ländlichen Regionen häufig nicht.

DJERBA

ZAGALLO [115 D2]

Für den großen Hunger: Hier bekommen Sie zu einem sehr moderaten Preis tunesische Spezialitäten, es gibt aber auch Pizza. *Plage de Sidi Mahrès gegenüber Hotel Isis | kein Ruhetag | €€*

DAR ALI [114 C1]

Das gemütliche, familiäre Hotel liegt 100 m von einem schönen Sandstrand entfernt. 15 Doppelzimmer

Nicht weit vom Strand entfernt: das kleine Hotel Beau Rivage

ÜBERNACHTEN

BEAU RIVAGE [114 C1]

Kleines, besonders günstiges Hotel, 23 geräumige Zimmer mit Bad, fünf Gehminuten von einem öffentlichen Strand entfernt, sauber und angenehm, mit einem kleinen Swimmingpool. *Plage de Sidi Mahrès | Tel. 75 75 71 30 | Fax 75 75 81 23 | €*

CARIBBEAN WORLD DJERBA [115 D1]

Ein komfortables Viersternehaus mit 251 Zimmern und Suiten. Mit TV, Bar, Diskothek, Tennis, Swimmingpool, Sauna, Hammam, Transfer zum Golfplatz. *Plage de Sidi Mahrès nahe dem Kasino | Tel. 75 75 70 22 |* mit Blick auf den Garten, Zentralheizung und Telefon. *Plage de Sidi Mahrès | Tel. 75 75 86 71 | Fax 75 75 80 45 | dar_ali@hotmail.com | €€*

DAR SALEM [114 C1]

Kleines, familiäres Hotel mit gutem, modernem Standard. Entspannte Atmosphäre. Etwa fünf Gehminuten zum hoteleigenen Strand. *21 Zi. | Plage de Sidi Mahrès | Tel. 75 75 76 68 | Fax 75 75 76 77 | hotel.darsalem@gnet.tn | €€*

HAROUN [115 D1]

22 Appartements und 64 Zimmer mit TV, Balkon, Bad, Telefon. Ein Hotel

Fax 75 75 77 00 | cwwdjerba@gnet.tn | €€€

TOURISTISCHE ZONE

Wem Segeln oder Surfen zu langweilig ist, dem gefällt vielleicht der Wasserjet

mit Spielplatz und Miniclub, ideal für den Familienurlaub. *Plage de Sidi Mahrès | Tel. 75 75 85 61 | Fax 75 75 85 60 | hotel.haroun@gnet.tn | €€*

ISIS [115 D2]
Das Hotel liegt etwas zurückgesetzt vom Meer und bietet auch Algentherapie und Massagen an. *233 Zi. | Plage de Sidi Mahrès | Tel. 75 73 28 00 | Fax 75 73 28 06 | www.hotel-isis.com | €€*

MAGIC LIFE CLUB [115 E5]
Familienfreundliche Clubanlage mit 462 Zimmern und schönem Sandstrand an der Plage de la Seguia bei Aghir. Wegen eines vorgelagerten Riffs sollten Sie, wenn Sie ins Wasser gehen, Badeschuhe benutzen. *Tel. 75 73 17 17 | Fax 75 73 18 18 | www.magiclife.com | €€€*

MELIÀ DJERBA MENZEL [115 F4]
Die Anlage besteht aus einem Hauptgebäude und 20 inseltypischen Menzelhäusern. Die 630 Zimmer sind ausgestattet mit Sonnenterrasse, TV, Telefon. Ein reichhaltiges Sport- und Unterhaltungsprogramm wird geboten. *Plage de la Séguia Tel. 75 75 03 00 | Fax 75 65 71 24 | jerba-menzel@planet.tn | €€€*

PALM AZUR [115 E5]
Neues Hotel der gehobenen Kategorie mit einem schönen Strand und umfangreichem Freizeitangebot. *326 Zi. | Plage de la Séguia | Tel. 75 60 13 00 | Fax 75 60 13 10 | €€€*

RADISSON SAS DJERBA [114 C1]
Die Fünfsterneanlage gehört mittlerweile der Radisson-Hotelkette an. Auch hausfremde Gäste sind zur Thalassotheraphie willkommen. *292 Zi. | Plage de Sidi Mahrès | Tel. 75 75 76 00 | Fax 75 75 76 01 | www.radissonsas.com | €€€*

ROYAL GARDEN [115 E2]
Ein Fünfsternepalast mit 288 Zimmern, nobler Einrichtung und viel Komfort. Die eigenwillige Architektur, gepflegte Gartenlandschaften und ein riesiger Swimmingpool bestimmen das Bild. *Plage de Sidi Mahrès | Tel. 75 74 57 77 | Fax 75 74 57 70 | rghoteldjerba@planet.tn | €€€*

LES SIRÈNES [115 D1]
Dreisternehotel mit Süßwasser- und Thermalschwimmbad, Sauna und Massagen. *296 Zi. | Plage de Sidi Mahrès | Tel. 75 75 74 03 | Fax 75 75 72 67 | hotel.sirenes@gnet.tn | €€*

> *www.marcopolo.de/djerba*

DJERBA

SOFITEL PALM BEACH DJERBA [115 D1]

Wunderschönes, sehr stilvolles Luxushotel mit 254 Zimmern und sieben Suiten, die jeweils in einem eigenen Stil gehalten sind. Schöne Anlage, schöner Garten. *Plage de Sidi Mahrès | Tel. 75 75 77 77 | Fax 75 75 88 88 | palm.commercial@gnet.tn |* €€€

ULYSSE PALACE [114 C1]

Dreistöckiger Bau mit schönen Zimmern, gutem Service und bestem Komfort; auch Thalassotherapie wird hier angeboten. Das Hotel wird von dem Schweizer Konzern Mövenpick bewirtschaftet. *264 Zi. | Plage de Sidi Mahrès | Tel. 75 75 87 77 | Fax 75 75 78 50 | ulysse.palace@utic.com.tn |* €€€

FREIZEIT & SPORT

An vielen Strandabschnitten kommen Aktivurlauber auf ihre Kosten. Vor allem die großen Hotels haben Angebote zur Freizeitgestaltung im Programm. Neben den gängigen Wassersportarten wie Segeln, Surfen, Wasserski, Schnorcheln oder Tauchen und Paragliding können auch Ausritte auf Pferden oder Dromedaren gebucht werden.

GOLF

Golfkurse können Sie im *Djerba Golf Club,* 17 km von Houmt Souk entfernt, belegen. Der Club besitzt einen 18-Loch- und einen 9-Loch-Platz. *Tgl. 7–17 Uhr | 18-Loch-Parcours 84 TND, 9-Loch-Parcours 44 TND | Tel. 75 74 50 55 | djerba.golf club@planet.tn*

> BLOGS & PODCASTS
Gute Tagebücher und Files im Internet

> *www.tunesien.com* – deutsches Diskussions- und Informationsforum. Eine umfassende Linksammlung zu Themen wie Land und Leute, Religion, Zeitungen, Botschaften. Mit Portalen und Foren wie „eine Liebe in Tunesien" und vielen Tipps zu Heirat und Umsiedlung

> *www.tunesien.info* – Präsentation von Sehenswürdigkeiten, Kultur und Urlaubsarten in Tunesien. Hinweise auf aktuelle Veranstaltungen sowie das Wetter.

> *www.18oktober.com/deutsch* – Ein Portal über die politische Situation in Tunesien

> *wwitv.com* – hier können Sie tunesisches Fernsehen sehen

> *www.afrika-auf-einen-blick.de* – alles über Tourismus, Orte und Städte

> *www2.amnesty.de* – Jahresbericht von Amnesty International zu Tunesien

> *www.elqantara.org/de/* – Qantara - Die Brücke e. V. ist ein gemeinnütziger Verein, der sich zur Aufgabe gemacht hat Völkerverständigung und internationale Zusammenarbeit zu fördern. Grundlage der Vereinsaktivitäten ist die Durchführung und Betreuung von freiwilligen sozialen Diensten im Ausland

Für den Inhalt der Blogs & Podcasts übernimmt die MARCO POLO Redaktion keine Verantwortung.

TOURISTISCHE ZONE

THALASSOTHERAPIE
Der letzte Schrei im Kurprogramm. Wellnessfans wissen es längst: Die Behandlung mit warmem Meerwasser soll nicht nur bei rheumatischen Erkrankungen lindernd sein. Thalassotherapie wirkt stressmindernd. Es werden auch spezielle Kuren angeboten, die helfen sollen, wenn man sich das Rauchen abgewöhnen will. Thalassotherapie können auch Nichtgäste buchen in den Hotels *Radisson SAS Djerba* oder *Royal Garden*

THERMAL
Im *Hôtel Les Sirènes* können Sie auch, wenn Sie nicht dort zu Gast sind, für 15 TND im 26 Grad warmen, mit bräunlichem Wasser gefüllten Thermalpool baden. Im *Hôtel des Thermes* können Sie kostenlos in einem doppelt so großen Thermalbecken schwimmen. Im Winter gibt es ein Innenbecken. Fachgerechte Massagen und Physiotherapeuten sind buchbar.

■ AM ABEND
CASINO　　　　　　　　　　　[115 D1]
Einer der beliebtesten Treffpunkte der Insel, die ansonsten mit Ausgehmöglichkeiten nicht sonderlich gesegnet ist. Außer dem Besuch des Spielkasinos können Sie sich hier von Shows unterhalten lassen, es gibt eine Bar, Geschäfte und ein Luxusrestaurant. *Route Touristique | 11 km hinter Houmt Souk | tgl. ab 16 Uhr*

LE PASHA　　　　　　　　　　[115 E2]
Diese Diskothek ist nicht nur bei Touristen, sondern auch bei Einheimischen beliebt. *Plage de Sidi Mahrès | im Luxushotel Royal Garden*

SUN DISCO　　　　　　　　　[114 C1]
Auf der Route Touristique, ungefähr 10 km von Houmt Souk entfernt, öffnet täglich um 23 Uhr die angesagte Diskothek des Hotels *Sun Club*.

■ AUSKUNFT
OFFICE DE TOURISME
Rue de l'Environnement | Tel. 75 65 05 44 | Fax 75 65 05 81

■ ZIEL IN DER UMGEBUNG
AGHIR　　　　　　　　　　　[115 E5]
Aghir ist ein kleiner Fischerort gleich hinter der Hotelzone von Séguia mit Jugendzentrum, Campingplatz und einem einfachen Jugendhotel, das für Inhaber eines internationalen Ju-

---

> **LOW BUDGET**
>
> Djerba ist eine typische Pauschaltourismus-Destination und manche Angebote dorthin von deutschen Veranstaltern sind kaum zu toppen. Aber auch jenseits der touristischen Infrastruktur gibt es Möglichkeiten, preisgünstig zu übernachten und zu essen. Vor allem in Houmt Souk und den anderen größeren Orten des Südens gibt es viele kleine, typische Hotels wie die alten Karawansereien. Diese Häuser mit schönem Innenhof sind sauber und einfach, vor allem aber unverfälscht tunesisch. Diese kleinen Hotels findet man überall in der Altstadt. Dort findet man auch die kleinen, einheimischen Restaurants mit tunesischer Hausmannskost. Schmackhaft, aber nicht immer auf europäische Mägen abgestimmt.

DJERBA

gendherbergsausweises günstige Unterkunft für Selbstversorger bietet *Centre de Jeunesse (Tel. 75 75 02 66 | Voranmeldung empfehlenswert | 7 TND)*. Außer einem Laden, in dem man auch Kaffee trinken kann, gibt es im Ort nicht viel. 13 km weiter südlich erreichen Sie die Ruine der Festung *Bordj Kastil*. Sie wurde 1289 von dem spanischen Eroberer Roger de Loria erbaut. Die Piste dorthin ist allerdings nur mit einem Wagen mit Allradantrieb befahrbar! Die Festung wird jedoch auch vom Römerdamm bei El Kantara mit Booten angefahren (Abfahrtszeiten im Hotel erfragen). Der Damm wurde 100 n. Chr. von den Römern erbaut und ist bis heute die einzige feste Verbindung von Djerba zum tunesischen Festland. Auf einer Länge von 7 km windet sich die kurvenreiche Straße durch das Meer. Der Grund für seine Errichtung war sehr einfach: Erreichte eine Karawane aus Afrika nach Monaten die Küste, war

Auf der Spitze einer Landzunge finden Sie die Überreste der Festung Bordj Kastil

es äußerst umständlich, alle Waren auf Schiffe zu verladen. Der Damm wurde während der kriegerischen Auseinandersetzungen Draguts mit den Spaniern gewaltsam durchbrochen und erst nach dem Zweiten Weltkrieg wieder errichtet. Die Meerestiefe liegt zwischen 50 cm und 5 m. Die parallel laufenden dicken Rohre dienen dem enormen Bedarf der Hotelanlagen an Süßwasser, nur mit Zisternen und salzhaltigem Grundwasser wären die Pools der Hotels alle längst ausgetrocknet.

> AM SAUM DER SAHARA

Der Süden ist das traditionelle Tunesien,
auch wenn Berberkultur und Karawanen längst durch touristische
Nomaden abgelöst wurden

> Ein alter Mann im Burnus und mit Turban reitet auf seinem voll gepackten Esel über den Markt, dabei telefoniert er mit dem Handy. Ein Bild, das für Südtunesien steht. Denn besonders hier treffen die unterschiedlichsten Welten aufeinander: Biblisch anmutende Gestalten in traditionellen Gewändern flanieren neben Touristen in Shorts.

Der Gewürzstand im Souk hat eine E-Mail-Adresse, und an der repräsentativen Tür im modernen Luxushotel ist die Hand der Fatima eingeschnitzt, um Unheil fernzuhalten. Bei allem Sinn für Tradition und hergebrachte Lebensart, die Segnungen der Moderne scheut man nirgends in Tunesien. Der Süden war lange Zeit Hinterland. Weder in der französischen Kolonialzeit noch in der Republik Bourguibas war man an dieser Region sonderlich interessiert. Hatte sie doch wirtschaftlich, außer dem Phosphatabbau bei Metlaoui, wenig

Bild: Landschaft bei Douriet

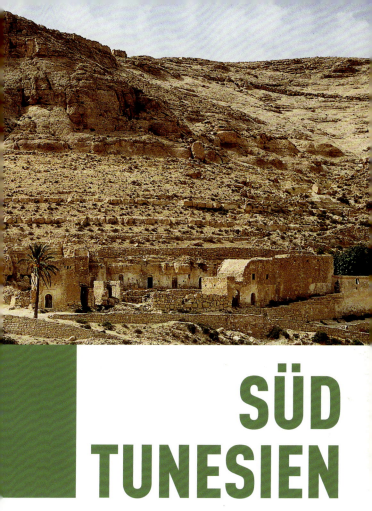

SÜD TUNESIEN

zu bieten. Der Tourismus forcierte die Modernisierung: Flughäfen wurden auf Djerba und in Tozeur gebaut, das Straßennetz entwickelt und der Süden mit modernen Kommunikationsmitteln vernetzt. In bequemen Pullmanbussen können die touristischen Highlights besucht werden. Was sich jenseits dieser touristischen Infrastruktur befindet, liegt noch im Dornröschenschlaf und muss erst wachgeküsst werden.

Im Süden Tunesiens lebt eine Mischbevölkerung aus Arabern, arabisierten Berbern und Haratin (Nachkommen schwarzer Sklaven). Hier ist die Analphabetenrate mit 30 Prozent bei den Männern und 60 Prozent bei den Frauen noch sehr hoch, auch wenn dies meist nur die Älteren betrifft. Die Jungen profitieren von Schulpflicht und staatlichen Bildungsoffensiven. Der Niedergang des Karawanenhandels und gezielte

DOUZ

Ansiedlungsprogramme der Regierung haben die meisten Wüstenstämme sesshaft werden lassen. Nur noch ein ganz geringer Prozentsatz lebt halbnomadisch. Die modernen Nomaden Tunesiens sind ohnehin Sandverwehungen. Die Wüste frisst Land. Mit 8 Mio. km^2 ist die Sahara die größte Wüste der Erde. Vor allem im Frühjahr sieht man hier in den Nefzaoua-Oasen, zu denen Douz gehört, etwas abseits der Straße Noma-

Die Oase Douz ist beliebter Ausgangspunkt für Wüstentouren

längst die Touristen. Bei ihrer Wanderung durch die malerischen Dünenketten des Grand Erg Oriental werden sie von professionellen Führern begleitet, die sie in die Geheimnisse der Wüste einführen.

DOUZ

[119 E5] ★ Hier beginnt die Wüste. Die Straße zur Oase Douz (30 000 Ew.) ist gesäumt von Dünen, die, mit Palmenzweigzäunen bestückt, den Sand zurückhalten sollen. Doch sie schützen nicht vor denzelte. Immer noch ziehen viele Familien der Nomadenstämme Marazig, Ghriba oder Sabria im Frühjahr in die Wüste, um dort für einige Zeit zu leben.

■ SEHENSWERTES
EL HOFRA

An dieser großen Düne trifft sich die ganze touristische Welt vor allem am Spätnachmittag für Dromedarausflüge zum Sonnenuntergang in der Wüste. *Im Norden der Stadt, an der touristischen Zone*

> *www.marcopolo.de/djerba*

SÜDTUNESIEN

MUSÉE DU SAHARA
Lebensweise, Tradition und Handwerk der Halbnomaden dieser Wüstenregion sind hier anschaulich dokumentiert. Das Museum ist eine Initiative von Belgacem Abdellativ, der als Dichter weit über Tunesien hinaus bekannt ist. Belgacem ist auch Heimatkundler und Spezialist für Heilkräuter der Wüste. Fragen Sie nach ihm im Museum. Er führt Sie gern. *Tgl. außer Mo Juni–Aug. 7–11 und 16–19, Sept.–Mai 9.30–16.30 Uhr | Eintritt 1 TND*

SAHARAFESTIVAL
Im Dezember findet in Douz das traditionelle Saharafestival statt. Ursprünglich ein Kamelwettrennen unter Nomaden, ist es heute ein buntes Spektakel mit Reiterspielen, Musik und Wettkämpfen *(www.FestivalDouz.org.tn)*, das von Einheimischen aus ganaz Nordafrika besucht wird.

ESSEN & TRINKEN

ALI BABA
Gutes, sauberes, von jungen Leuten geführtes Restaurant. Im Garten kann auch im Berberzelt gegessen werden. *5, Avenue Habib Bourguiba | Tel. 75 47 24 98 | kein Ruhetag | €€*

CAMPING DU DÉSERT
Hier können Sie wählen zwischen italienischer, französischer und tunesischer Küche. Es wird auch Alkohol ausgeschenkt. Vor dem Marktplatz rechts bis zu einem Palmenhain, *Tel. 75 47 05 75 | kein Ruhetag | €€*

LA ROSE
Gutes tunesisches Restaurant. Auf der gegenüberliegenden Straßenseite

MARCO POLO HIGHLIGHTS

★ **Douz**
Palmenoase und Tor zur Sahara
(Seite 60)

★ **Ksar Ghilane**
Am Rand der Sahara
(Seite 64)

★ **Tamezret**
Das Berberdorf liegt malerisch auf einem Berg (Seite 73)

★ **Seldja-Schlucht**
Mit dem Nostalgiezug durch den eindrucksvollen Canyon (Seite 70)

★ **Midès**
Bergoase am Rand der Wüste
(Seite 71)

★ **Chott el Djerid**
Die Durchquerung des Salzsees ist ein besonderes Erlebnis (Seite 81)

★ **Chenini**
Das Berberdorf wird wegen seiner schönen Lage viel besucht (Seite 76)

★ **Nefta**
Oasenstadt am Chott el Djerid
(Seite 82)

★ **Matmata**
Im Bergland von Dahar liegt die Höhlenstadt (Seite 71)

★ **Ksar Ouled Soltane**
Speicherburg mit mehr als 300 Ghorfas
(Seite 78)

DOUZ

befindet sich das *Café La Rose,* das vom gleichen Besitzer betrieben wird. *Avenue du 7 Novembre | gleich neben dem Souk | Tel. 75 47 16 60 | kein Ruhetag | €€*

EINKAUFEN
MARKT
Insider Tipp — Hier werden neben Gemüse auch sehr hübsche handgeknüpfte Berberteppiche *(Magoum),* Schuhe aus Kamelleder und bunt bestickte Pantoffeln aus Ziegen- oder Kamelleder angeboten. Ein sehr schöner und abwechslungsreicher Markt. *Jeden Donnerstagmorgen im Zentrum*

TIERMARKT
Insider Tipp — In einem kleinen Palmenhain, nicht weit vom Markt entfernt, findet jeden Donnerstag der Tiermarkt statt. Hier werden Ziegen, Pferde, Dromedare, Hühner und Esel zum Verkauf angeboten. Ein sehr schöner Markt, wo Sie beobachten können, wie der Käufer sein Schaf auf den Motorroller hievt, zwischen die Beine klemmt und dann mit ihm davonbraust.

ÜBERNACHTEN
HÔTEL DU 20 MARS
Insider Tipp — Die 20 sauberen Zimmer, teils mit, teils ohne Dusche, umschließen einen Innenhof. Im Hotel herrscht eine sehr freundliche, aufmerksame und entspannte Atmosphäre. Abends gibt es oft spontan Livemusik von den engagierten jugendlichen Betreibern. Das günstige, einfache Hotel hat auch eine eigene Agentur für Wüstentouren *(Nefzaoua Voyages). Rue du 20 Mars | Tel. 75 47 02 69 | Fax 75 47 29 22 | hotel20mars@planet.tn | €*

OASIS EL MOURADI
Ein pompöses Luxushotel mit allem Komfort, Fitness und Freizeitangebot. *130 Zi. | Zone Touristique | Tel./Fax 75 47 03 03 | elmouradi.douz@planet.tn | €€€*

SAHARIEN
Mitten im Palmenhain gelegene Anlage mit 150 Bungalows, einem Schwimmbad und allem Komfort. Eine sehr empfehlenswerte und ruhige Adresse. *Im Palmenhain | Tel. 75 47 13 37 | Fax 75 47 29 20 | www.sdts.tourism.tn | €€€*

FREIZEIT & SPORT
MÉHARÉE
Insider Tipp — Eine *Méharée,* eine Wüstentour, sei in Douz jedem Besucher empfohlen. Sie können eine *Méharée* für einen oder mehrere Tage bis hin zu zwei Wochen buchen, entweder mit Dromedaren oder mit allradangetriebenen Fahrzeugen. Wenn Sie den Touristenrummel hinter sich gelassen haben, ist vor allem eine Wüstenwanderung ein unvergessliches Erlebnis und Erholung und Entgiftung für Körper und Geist. Kosten inklusive Verpflegung etwa 35 Euro pro Tag. Eine Liste von Veranstaltern erhalten Sie im Office National de Tourisme, ein empfehlenswerter Anbieter ist *Nefzaoua Voyage | Rue de 20 Mars | Tel. 75 47 29 20.*

AUSKUNFT
OFFICE NATIONAL DE TOURISME
Der freundliche und ungewöhnlich engagierte Bürochef Amor Boukris berät Sie gern. Er spricht auch Deutsch. *Place du Martyr | Tel. 75 47 03 51 | Mobiltel. 98 64 45 97*

> www.marcopolo.de/djerba

SÜDTUNESIEN

ZIELE IN DER UMGEBUNG

EL FAOUAR [119 D6]

Die Oase, von der Wüste bedroht, liegt am Rand des Grand Erg Oriental, 30 km südwestlich von Douz. Berühmt ist der Ort für die Hochzeitstänze junger Mädchen. Das Hotel *Faouar (Tel. 75 46 08 87 | Fax 75 46 05 67 | €€)* mit Schwimmbad und 140 großen, bequemen Zimmern bietet auch Wüstentouren an. Außerdem können Gäste des Hauses Skier ausleihen. Diese lehnen gleich an der Rezeption. Skifahren auf den Dünen! Das funktioniert am besten nach Regenfällen, wenn der Sand nass und klebrig ist. Doch regnen tut es hier selten.

KEBILI [119 E4]

Kebili (40 000 Ew.) ist eine alte Berberstadt. Die Provinzhauptstadt der Region Nefzaoua 27 km nördlich von Douz wirkt sehr ansprechend, ist jedoch mit ihren Kasernen touristisch wenig interessant. Ein großer Palmenhain mit ungefähr 100 000 Bäumen wird von der Quelle des Rais-El-Ain im Norden der Stadt bewässert. Im Zentrum gibt es noch römische Bäder. Als angenehme Übernachtungsmöglichkeit mit Schwimmbad ist das renovierte Hotel *Fort des Autriches* in der *Zone Touristique | 88 Zi. | Tel./Fax 75 49 21 04 | €€*, zu empfehlen. Das ehemalige französische Fort, in dem Habib Bourguiba von den Franzosen gefangengehalten wurde, ist sehr gepflegt, angenehm und im Preis moderat. Teuer hingegen ist das Hotel *L'Oasis | gleich unterhalb | 81 Zi. | Tel. 75 49 14 36 | Fax 75 49 12 95 | €€€*.

Auf dem Tiermarkt in Douz wird eifrig gehandelt

GABÈS

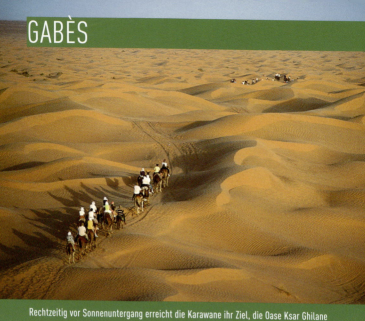

Rechtzeitig vor Sonnenuntergang erreicht die Karawane ihr Ziel, die Oase Ksar Ghilane

KSAR GHILANE ★ [120 A5]

Die Oase 70 km südöstlich von Douz ist das paradiesische Endziel vieler Wüstentouren oder auch Ausgangspunkt für Ausflüge in den Grand Erg Oriental. Sie bietet den Wüstenwanderern mit ihrer heißen Thermalquelle, dem Grün und der touristischen Infrastruktur in jeder Hinsicht Erfrischung. Die Oase wird eingerahmt von Bergen und der Wüste. Ungefähr 50 Nomadenfamilien leben hier seit den 1950er-Jahren von Dattelanbau, Landwirtschaft und Tourismus. Leider ist die Oase an bestimmten Tagen, besonders freitags und mittwochs, von Touristen so überfüllt, dass ihr Charme nicht wirkt.

In der Oase gibt es einige Campingplätze, die Betten in großen Nomadenzelten oder Zeltplätze anbieten. Fast alle haben auch Restaurants. Gleich bei den heißen Quellen liegt *Camping Ghilane | Tel. 75 46 01 00 | 25 TND pro Person.* Der Campingplatz *Paradise (Tel. 75 90 05 07)* liegt mitten im Palmenhain, Camping und Restaurant *El Biban* gleich gegenüber den heißen Quellen. Der Campingplatz bietet an die 50 Beduinenzelte mit jeweils 4 Betten, sauber und mit einem kleinen Schwimmbad ausgestattet *(Tel. 75 90 05 11 | €).*

GABÈS

 KARTE IN DER HINTEREN UMSCHLAGKLAPPE

[120 B2] Im Golf von Gabès treffen sich die Sahara und das Mittelmeer. Der Golf ist ein Vogelparadies. Zugvögel von Nord und Süd überwintern hier. Die Geschichte von Gabès reicht bis in die punische Zeit zurück. Schon immer war der Ort ein Handelsknotenpunkt auf der Route der Karawanen, zwischen Sahara und Djerba einerseits und der Djeffara-Ebene im Süden

> *www.marcopolo.de/djerba*

SÜDTUNESIEN

und Nordtunesien andererseits. Gabès (110000 Ew.) ist der wichtigste Industriestandort Südtunesiens und daher touristisch weniger attraktiv. Und trotzdem spürt man den Hauch des Orients. Vor allem die Märkte und Souks bergen ungeahnte Schätze an Gewürzen, traditionellen Kosmetika und Duftpflanzen und -steinen. Henna aus Gabès ist in ganz Tunesien berühmt.

■ SEHENSWERTES

OASE

Die Küstenoase erstreckt sich 6 km am Meer entlang. Da sie ein sehr dichtes Wegenetz besitzt, kann man sie wunderbar bequem mit der Pferdekutsche befahren. Der Droschkenplatz befindet sich am östlichen Ende der Avenue Habib Bourguiba, wo die Oase beginnt. Sie können aber auch hervorragend unter den schattenspendenden Palmen spazierengehen oder mit dem Rad fahren. In der Oase liegen einige Dörfer und eine Reihe von Sommerhäusern. Das Dorf *Chenini* ist Endpunkt vieler Ausflüge. Läuft man von hier den Oued Gabès aufwärts, stößt man auf üppige Gärten und Wohnhöhlen. In der Oase gedeihen Henna, Gemüse, Tabak, Indigo, Pfeffer, Trauben, Kürbisse, Melonen und Bananen.

VOLKSKUNDEMUSEUM

Gezeigt werden traditionelle Webarbeiten und Küchengeräte, Hochzeitskleidung und Mitgift. Interessant ist zum Beispiel der Hochzeitskorb mit den Geschenken des Bräutigams an seine zukünftige Frau: Parfüm, Seife und Kosmetik – alles natürliche Mittel aus der Region. Je reicher der Ehemann, umso üppiger der Geschenkkorb. *Tgl. außer Mo April–Mitte Sept. 8–12 und 16–19, Mitte Sept.–März 9.30–16.30 Uhr | Route de Matmata | Eintritt 2 TND*

■ ESSEN & TRINKEN

CHEZ AMORI

Von den Preisen her ist das Restaurant, in dem einfache tunesische Speisen serviert werden, unschlagbar, vor allem, da die Qualität der Küche gut ist. Während des Ramadan geöffnet. *82, Avenue Habib Bourguiba | kein Ruhetag | €*

CAFÉ LA CHICHA

Die Räumlichkeiten erstrecken sich über zwei Etagen. In die obere Etage gehen vor allem Paare. Auf der dazugehörenden Terrasse wird gespielt und Wasserpfeife geraucht. *Rue Ibn el-Jazzar | gegenüber der Place de la Liberté | tgl. bis 21 Uhr*

L'OASIS

Alteingesessenes Restaurant mit gutem Ruf. Zwei schöne Räume und ausgezeichnetes Essen. Besonders empfehlenswert sind hier die Fischgerichte. Alkohol wird ebenfalls ausgeschenkt. *Avenue Farhat Hached | gegenüber von Sahara Tours | Tel. 75 27 03 87 | So geschl. | €€–€€€*

■ EINKAUFEN

ARTISANAT

Staatlich kontrolliertes Kunsthandwerk wird in der *Avenue Farhat Hached* verkauft.

SOUK DE JARA

Der knallgrüne Lippenstift, der ein ganz individuelles Rot auf ihre Lip-

GABÈS

pen zaubert, Kajal, Amber, Zazar, Musk, ein Döschen Cheb gegen das Schwitzen, das beste Henna, Weihrauch, Ingwer, Safran oder ein getrockneter schwarzer Skorpion aus der Wüste – im Souk de Jara gegenüber der Großen Moschee können Sie wie nirgendwo sonst exotische Schönheitsmittel entdecken. *Tgl. außer Mo*

■ ÜBERNACHTEN

ANIS
Das moderne Hotel auf vier Etagen mit Aufzug hat 18 Zimmer und drei großzügige Suiten. Zimmer mit Bad, Satelliten-TV und Telefon. Gutes Preis-Leistungs-Verhältnis. *Avenue Salah El-Ayoubi | Tel. 75 29 67 44 | Fax 75 29 60 14 | €€*

BEN NEJIMA
Einfaches, sauberes Hotel. 15 Zimmer mit Waschbecken und warmem Wasser, Dusche auf dem Flur. Salon mit Fernseher. Kein Frühstück. *66, Rue Ali Djemel | gegenüber dem Justizpalast | Tel. 75 27 15 91 | €*

CHEMS
Das Hotel zur Sonne, so die arabische Bedeutung des Worts, liegt am Strand. Es ist ein großes Gebäude mit mehr als 200 Zimmern auf drei Etagen. Alles ist großzügig angelegt. Satelliten-TV, Balkon mit Blick aufs Meer, üppige Frühstücksbüfetts und Schwimmbad. *Am Strand | Tel. 75 27 05 47 | Fax 75 27 44 85 | www.hotel chems.com.tn | €€€*

JUGENDHERBERGE
Die Jugendherberge liegt im Stadtviertel Jara gegenüber der Moschee Sidi Idriss. Ein neues, sehr angenehmes Gebäude, ausgestattet mit Drei- und Vierbettzimmern. Warme Duschen gibt es auch. Hier ist außerdem die Armenküche des Viertels untergebracht. Wer möchte, kann unter Palmen zelten. *Rue de l'Oasis | Tel. 75 27 02 71 | €*

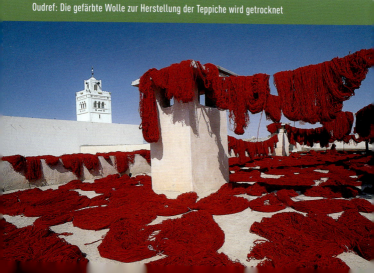

Oudref: Die gefärbte Wolle zur Herstellung der Teppiche wird getrocknet

SÜDTUNESIEN

■ AUSKUNFT

OFFICE DE TOURISME
Kompetente, freundliche Bedienung und Plan für den Besuch der Oase. *An der Kreuzung der Avenue Habib Thameur und Hedi Chaker, auf der Straße zum Strand | Tel. 75 27 25 77 | Fax 75 27 02 54*

■ ZIELE IN DER UMGEBUNG

EL HAMMA DU GABÈS [120 A2]
Der Ort (5000 Ew.) liegt etwa 34 km westlich von Gabès an der Straße nach Kebili. El Hamma (das Bad) ist die Hauptoase der Arad-Ebene. Sie verfügt über sechs Thermalquellen, die bis 47 Grad heiß und schwefelhaltig sind. Als Erste nutzten bereits die Römer die Quellen zum Baden. Römische Beckenumrandungen sind noch zu sehen. Auch heute können Frauen und Männer in verschiedenen Hammams baden oder gleich das große, neue Thermalbad benutzen *(aus Gabès kommend hinter der großen Uhr rechts ab von der Avenue Habib Bourguiba | tgl. 8–23 Uhr | 1,5 TND)*. Nehmen Sie sich die Zeit! Der Ort hat außerdem ein gutes Restaurant: *Tunisien (gegenüber der Uhr an der Avenue Habib Bourguiba | €)*.

Insider Tipp

MARETH [120 C3]
Der Ort (4000 Ew.) liegt 35 km südlich von Gabès Richtung Djerba. Bei Mareth verlief im Zweiten Weltkrieg die so genannte Mareth-Linie. Diese Verteidigungsstellung mit Bunkern, Gräben und Drahtverhauen wurde zunächst von den Franzosen zwischen 1936 und 1940 gegen mögliche Angriffe aus dem unter italienischem Protektorat stehenden Libyen errichtet. Die Deutschen, die Tunesien im Zweiten Weltkrieg besetzt hatten, aktivierten 1943 diese Anlagen gegen die aus Libyen heranrückenden Engländer. Ein vom tunesischen Verteidigungsministerium errichtetes Museum *(tgl. außer Mo 9–16 Uhr | Eintritt 1 TND)* an der ehemaligen Frontlinie erinnert daran. Zu sehen sind Geschütze, der Frontverlauf, Bunker, Bilder aus der Kriegszeit. Ein Besuch ist auch für Pazifisten empfehlenswert. Das Museum liegt links, wenn Sie von Mareth Richtung Djerba fahren, kurz vor der Abzweigung nach Djorf. Ein Museumsangestellter begleitet Sie gern zum etwa 8 km entfernt liegenden ehemaligen Hauptquartier von Feldmarschall Rommel.

Insider Tipp

OUDREF [120 B2]
Etwa 15 km nordwestlich von Gabès, Richtung Tozeur, befindet sich diese Oase, die für ihre bunten Kelims, Webteppiche, bekannt ist. In der *Kooperative von Oudref (Mo–Fr 8–12.30 und 15–17.30, Sa 7.30–12 Uhr)* sind sie um einiges billiger als in anderen Orten.

GAFSA

[119 D1] **Die gewagten Sprünge mutiger Jungen von zwei hohen Palmen in das Becken eines römischen Bads sind Erkennungszeichen der Stadt und Motiv vieler Postkarten.** Doch dieses Wahrzeichen gibt es nicht mehr: Die Palmen, von denen die Jungen sprangen, wurden inzwischen gefällt. Gafsa (80 000 Ew.) ist die letzte größere Stadt vor der Wüste. Eine lebendige Altstadt mit Läden und offenen Marktständen um die große Moschee und

GAFSA

Erfrischung im Zentrum der Stadt: Römische Bäder in Gafsa

die moderne, gesichtslose Neustadt mit der obligatorischen Avenue Habib Bourguiba bestimmen das Bild. 1942 wurde Gafsa von den Deutschen besetzt und durch Luftangriffe und Kämpfe zwischen Deutschen und Alliierten 1942/43 schwer zerstört.

Gafsa profitiert heute als Umschlagplatz vom Phosphatabbau in Metlaoui, Moulares und Redeyef. Viele Bewohner leben vom Handwerk (Teppiche und Wolldecken). Arbeitsplätze bringt auch die Funktion der Stadt als Handels- und Verwaltungszentrum. Aber es gibt auch hier die typischen Probleme des Südens: Armut und eine hohe Jugendarbeitslosigkeit.

SEHENSWERTES

KASBAH

Die Festung wurde 1436 von den Hafisiden erbaut. Die Hafisiden beherrschten Tunesien von 1229 bis ins 15. Jh. Sie machten Tunis zur Hauptstadt. Das Land erlebte unter ihnen eine Phase der wirtschaftlichen Blüte.

1556 eroberte der Korsar Dragout, der Gafsa einige Jahre besetzte, die Kasbah. Sie diente auch als Schutz vor Wüstennomaden. 1943 explodierte während eines Luftangriffs das hier untergebrachte deutsche Munitionslager der Truppen Erwin Rommels. Nur die Außenmauern der Kasbah blieben stehen. 1963 wurde dort der Justizpalast gebaut und die Kasbah renoviert. Sie wird heute auch für Freilichttheateraufführungen genutzt. *Jederzeit frei zugänglich*

MUSÉE D'HISTOIRE ET D'ARCHÉOLOGIE

Insi Tip

Sehr schöne und moderne Präsentation historischer Funde und der Geschichte Gafsas. Die Gegend um Gafsa war schon 6000 v. Chr. bewohnt, wie Steinwerkzeuge und Siedlungsreste beweisen. In karthagischer Zeit lebten hier Numidier, 107 v. Chr. eroberten die Römer die Stadt und brannten sie nieder. Alle männlichen Bewohner wurden getötet. Die Römer bauten die Stadt wieder auf und nannten sie Capsa. Das Museum gibt einen guten Einblick in die wechselvolle Geschichte. *Gleich bei den Römischen Bädern | tgl. außer Mo Winter 9.30–16.30, Sommer 7–12 und 15.30–19 Uhr | Eintritt 2 TND*

> www.marcopolo.de/djerba

SÜDTUNESIEN

OASE
Die Stadt wird von einer ausgedehnten Oase umgeben. Hier wachsen Orangen, Feigen und Aprikosen. Die Qualität der Datteln ist nicht die beste, dafür ist Gafsa für seine Pistazien bekannt. Der schönste Teil der Oase liegt bei Lalla (6 km entfernt) mit Quellen und einer Art *Café- und Imbissstube.*

PISCINES ROMAINES
Dieses einstige Zentrum der Altstadt, das auch Waschplatz war, ist sehr schön renoviert worden. Die „Römischen Bäder" wurden nicht, wie man aus dem Namen schließen könnte, von den Römern, sondern von den Arabern erbaut, die allerdings römische Steine verwendeten. Das von großen Steinquadern eingefasste öffentliche Becken wird von einer Quelle mit 25 Grad warmem Wasser gespeist.

ZOO
Der Zoo zeigt Tiere der Region wie Gazellen und Strauße. *Auf der Straße Richtung Tunis | tgl. 8–17 Uhr | Eintritt 1 TND*

ESSEN & TRINKEN
PIZZERIA TONY
Kleines Restaurant, in dem sich viele Jugendliche treffen. Einer der wenigen einladenden Orte in Gafsa. Es gibt auch eine Weinkarte. *Abou-el-Kacem-ech-Chabbi | kein Ruhetag | €–€€*

RESTAURANT LES AMBASSADEURS
Eines der besten Restaurants der Stadt. *Rue Ahmed Snoussi | Tel. 76 22 40 00 | kein Ruhetag | €€*

EINKAUFEN
LA MAISON DE L'ARTISANAT
Unter dem Dach der nationalen Organisation für Kunsthandwerk (ONAT) ist hier eine kleine Ausstellung mit Teppichen und Porzellan, traditionellem und modernem Kunsthandwerk zu sehen. *Bei den Römischen Bädern*

ÜBERNACHTEN
MAAMOUN
Ein schönes Hotel mit 67 Zimmern, Schwimmbad und Restaurant. Den Gästen werden verschiedene Animationen und Bauchtanz geboten. *Im Zentrum | Tel. 76 22 04 70 | Fax 76 22 64 40 | €€*

MOUSSA
Kleines Hotel mit 15 Zimmern, einfach, sauber und günstig. *Von Tozeur kommend links | Tel. 76 22 33 33 | €*

>LOW BUDGET

> Die Reise mit öffentlichen, unschlagbar günstigen Verkehrsmitteln ist zumindest von Stadt zu Stadt einfach: in bequemen Überlandbussen oder mit den rot-weißen *louages,* den Sammeltaxis. Der Überlandbus kombiniert mit Taxi und *louages,* ermöglicht eine gute und günstige Tour durch das ganze Land. Man findet den Busbahnhof, von wo meistens auch die Sammeltaxis abfahren, in jeder größeren Stadt. Mit den Fernzügen der SNCFT erreicht man täglich auch wichtige Zentren im Süden wie Sfax Gabès, Gafsa und Metlaoui. Fahrpläne der SNCF gibt es online unter *www.fahrplancenter.com*.

GAFSA

■ AUSKUNFT
OFFICE DE TOURISME
Place des Piscines Romaines | Tel. 76 22 16 64

■ ZIELE IN DER UMGEBUNG
CHEBIKA [118 A2]

Im Schatten hoher Berge, etwa 100 km westlich von Gafsa, liegt die Oase Chebika. Auch wenn es inzwischen sehr touristisch zugeht, lohnt sich die Fahrt dorthin. Die Straße ist gut mit einem normalen PKW befahrbar. Einst war Chebika eine Durchgangsstation auf dem Karawanenweg von Gabès ins algerische Tébessa. Am Ende der Ortsstraße im neuen Dorf befinden sich ein Parkplatz und ein Café. Von hier können Sie bequem die Stufen in das dichte Grün der Oase zu einem schönen Spaziergang durch die Schlucht mit einem kleinen Wasserfall und einer Quelle hinabsteigen. In einem Bogen geht es den Hang wieder hinauf und über den verlassenen alten Ortsteil zum Parkplatz zurück. Als Souvenir können Sie eine Sandrose oder andere Mineralienfunde aus der Sahara bei einem der vielen jugendlichen Händler kaufen. Ein findiger Franzose hat gleich neben dem Parkplatz einen Laden eröffnet: Bei *Chebikatee* finden Sie lustig bedruckte T-Shirts als Mitbringsel in guter Qualität. **Insider Tip**

METLAOUI [118 C2]

Der Ort (40 000 Ew.) liegt wie Redeyef und Mounares im Phosphatabbaugebiet, 42 km westlich von Gafsa. Die bizarre Bergregion mit den kilometerlangen Förderbändern, die sich durch die Landschaft schlängeln, wirkt unwirklich und in den Orten etwas heruntergekommen. Anziehungspunkt für Touristen ist einzig die Nostalgiebahn *Lézard Rouge*, die von hier in die ★ Seldja-Schlucht fährt. Eine alte Diesellok zieht sechs Luxuswaggons, mit denen einst der türkische Bey von Tunis durch die Lande fuhr, vom Bahnhof Metlaoui

Nostalgische Eisenbahnfahrt: mit dem Lézard Rouge durch die Seldja-Schlucht

SÜDTUNESIEN

in die Seldja-Schlucht hinein. Gruppen, die den ganzen Zug chartern, können Angriffe à la Lawrence von Arabien gleich mitbuchen. Die Fahrt durch die Schlucht ist aber auch ohne diese Zutat atemberaubend! *In der Saison täglich ab Bahnhof Metlaoui | Preis für die eine Stunde und 45 Minuten dauernde Fahrt 20 TND | Informationen und Reservierungsmöglichkeit: Galilée Travel | Tel. 76 24 14 69 | Fax 76 24 16 04*

MIDÈS ★ [118 B1]

Hier, 100 km von Gafsa entfernt, verläuft die Grenze zu Algerien. Der alte, verlassene Ort mit Blick auf einen großen Canyon ist sehr eindrucksvoll. Der Abstieg in die Schlucht und ein Spaziergang in der Stille dieser imposanten Landschaft lohnen die Mühen des Wiederaufstiegs. Vorsicht: Bei Regen ist die Schlucht schnell überschwemmt.

TAMERZA [118 B2]

Dies ist die größte der drei Bergoasen Midès, Tamerza und Chebika. Das alte, verlassene Dorf (1500 Ew.) liegt auf einem Berggrat. Unterhalb davon zieht sich ein ausgetrocknetes Flussbett (Oued) entlang, durch das man bis Midès wandern kann. Gegenüber dem alten Dorf liegt das Luxushotel ❉ *Tamerza Palace | 65 Zi. | Tel. 76 48 53 44 | Fax 76 45 37 22 | www.tamerza-palace.com | €€€.* Es ist der einheimischen Lehmbauweise nachempfunden und bietet mit seinen schönen Zimmern und seiner Terrasse mit Swimmingpool einen sehr komfortablen Aufenthalt vor einer eindrucksvollen Kulisse: schöner Blick auf Alt-Tamerza und die Berglandschaft. Vom *Hôtel des Cascades | 60 Zi. | Tel. 76 48 53 32 | €,* einer sehr einfachen Unterkunft unter Palmen im neuen Dorf, können Sie bis zum Wasserfall der Oase spazieren. In der Straße zum Hotel gibt es mehrere Restaurants mit guter tunesischer Küche. Die Stille und die Möglichkeiten, die Oase zu durchstreifen, sind beeindruckend. Schade nur, dass die Jugendlichen hier sehr aufdringlich sind.

MATMATA

[120 B3] ★ Das obligatorische Ziel im Süden Tunesiens. Am leichtesten erreichen Sie Matmata auf der C 107 (43 km) von Gabès. Alt-Matmata (2500 Ew.) ist das bekannteste Höhlendorf des nördlichen Dahar. Es liegt etwa 15 km von Neu-Matmata (18 000 Ew.) entfernt. In den 1970er-Jahren wurden die Bewohner der Höhlensiedlungen mit sanftem Druck in die auf dem Reißbrett entstandenen Wohnkomplexe von Neu-Matmata *(Nouvelle Matmata)* umgesiedelt. Gegen den anfänglichen Widerstand der Bevölkerung haben sich die neuen Dörfer mit Schule, Tankstelle und der in jeder Hinsicht besser entwickelten Infrastruktur durchgesetzt. Alt-Matmata ist heute dem Tourismus vorbehalten.

In der Bergregion um Matmata leben Berber, die weiterhin ihren Dialekt sprechen. Sie haben Terrassen an den Berghängen angelegt, auf denen Feigen, Olivenbäume und Palmen wachsen. Da das Gebirge hier geschlossener ist als im südlichen Dahar, haben sich andere Wohnformen entwickelt. Typisch sind Wohnhöh-

MATMATA

len, die in die Erde eingegraben sind: die sogenannten Troglodytendörfer.

■ SEHENSWERTES
HÖHLENWOHNUNGEN

Die Wohnanlage ist in einen Hügel eingesenkt, mit einem Schacht als Mittelpunkt. Von diesem Schacht gehen die einzelnen Räume, die teilweise sogar in zwei Stockwerken angelegt sind, ab. Der Schacht ist gleichzeitig der Wohnhof. Hier wurde gekocht, gelebt und gearbeitet. Die in den Lehmboden gegrabenen Wohnungen sind im Winter warm und im Sommer angenehm kühl. Heute haben die Wohnhöhlen weitgehend ihre Funktion verloren. In Matmata werden Sie schnell einen Führer finden, der Ihnen eine Wohnhöhle zeigt. Die berühmteste ist die *Höhle der Fatima*. Diese inzwischen alte Frau soll als Erste auf die Idee gekommen sein, ihre Wohnhöhle für Touristen zu vermarkten – mit Erfolg. Ihre geschäftstüchtige Familie setzt die Präsentation des Wohnens in einer Höhle fort. Zu sehen sind Wohnraum, Küche, Schlafhöhle, Webstuhl und Berberfrauen beim Mahlen des Couscous. Auch andere Familien versuchen, Touristen ihre Höhle zu zeigen. Der Besuch einer Höhle lohnt sich, auch wenn das Schielen auf den Geldbeutel der Touristen in Matmata besonders ausgeprägt ist. Mit der traditionellen Gastfreundschaft hat dies überhaupt nichts mehr zu tun. Also: Schauen Sie sich eine Höhle an, und zahlen Sie dafür. Die *Vorzeigehöhle der Fatima* liegt etwa 5 km außerhalb Alt-Matmatas in Richtung Neu-Matmata. Meistens stehen Touristenbusse davor. Viele Höhlen zur Besichtigung gibt es auf der Strecke Tamezret–Matmata.

MUSEUM FÜR BERBERKULTUR

Ein Besuch dieser musealen Wohnhöhle erspart Ihnen die Pseudointimität, die beim Besuch einer touristisch aufbereiteten Familienwohnung zu spüren ist. *Unterhalb des Hotels Sidi Driss | unregelmäßig geöffnet | Eintritt 2 TND*

■ ESSEN & TRINKEN
CHEZ ABDOUL

Einmal eine Abwechslung zum Couscous in den Hotels. Der Wirt bietet verschiedene Gerichte an. *Im Zentrum bei der Abzweigung nach Tamezret | gegenüber dem Syndicat d'Initiative | Tel. 75 24 01 89 | kein Ruhetag | €–€€*

BEN KHALIFA

Links Café, rechts Restaurant: Hier bekommen Sie gutes Essen für wenig Geld. Die Bewirtung ist freundlich. *Place du 7 Novembre | gegenüber der Bushaltestelle | kein Ruhetag | €*

■ ÜBERNACHTEN
LES BERBÈRES

Ein bisschen Abenteuer für Touristen: Höhlenhotel mit 120 Betten in elf Zimmern. Hier können Sie das Wohngefühl in den Höhlenwohnungen testen. Das Haus hat das Flair einer ungewöhnlichen Jugendherberge: nichts für Ruhesuchende. *Tel. 75 24 00 24 | Fax 75 24 00 97 | €*

DIAR EL BARBAR

Ein sehr schöner Bau im lokalen Stil: Das Diar el Barbar ist ein eher luxu-

> *www.marcopolo.de/djerba*

SÜDTUNESIEN

riöses Höhlenhotel der Viersternekategorie mit allem erdenklichen Komfort. Der Erbauer Bahri Abouda hat damit seiner Region ein Denkmal gesetzt. Gutes Preis-Leistungs-Verhältnis. *120 Zi. | an der Straße nach Tamezret ungefähr 1 km hinter dem Ort | Tel. 75 24 00 74 | Fax 75 24 01 44 | €€*

KSAR AMAZIGH
Ein schönes Hotel im lokalen Stil, sauber und komfortabel. Sehr empfehlenswert. *55 Zi. | Tel. 75 24 00 62 | Fax 75 24 01 73 | €€*

MATMATA
Preisgünstige, angenehme Unterkünfte mit klimatisierten Räumen und Bad in einer Bungalowanlage. *35 Zi. | Tel. 75 24 00 66 | Fax 75 24 01 77 | €*

AUSKUNFT
OFFICE DE TOURISME
In Neu-Matmata, unter der tunesischen Flagge | Tel. 75 24 00 75

ZIELE IN DER UMGEBUNG
TAMEZRET ★ [120 B3]
Etwa 12 km hinter Matmata auf der Straße nach Douz liegt die Berberstadt Tamezret (800 Ew.) wie eine weiße Festung im Berg. Die engen Gassen sind nur zu Fuß zu begehen. Die Regierung versucht, diese Stadt am Leben zu erhalten. Die Migration vieler Männer in die Städte des Nordens hat Tamezret zu einer Stadt der Frauen und Kinder gemacht.

Bevor Sie die Stufen zum ❄ *Café Berbère* (gegenüber der Moschee) oben im Dorf hinaufsteigen, besuchen Sie doch das kleine *Berbermuseum (tgl. 8–18 Uhr | Ein-*

Mehrere der Wohnhöhlen in Matmata können Sie besichtigen

TATAOUINE

tritt frei) auf dem Weg dorthin, das vom Leben in der Region erzählt. Vom Café und Restaurant *Berbère (kein Ruhetag | €)* genießen Sie dann einen wunderbaren Ausblick auf schroffe Berge und die beginnende Wüste.

Insider Tipp **TOUJANE** ✻ **[120 B4]**

Ein wunderschön in die Berge gehauenes Dorf auf der Route Neu-Matmata–Médenine, 28 km hinter Matmata. Die Straße von Neu-Matmata dorthin ist geteert, aber sehr schmal und kurvenreich, deshalb hat der Massentourismus in Bussen Toujane noch nicht erreicht. Eine breite Straße über die Berge von Matmata ist allerdings in Planung. Die Berberdörfer auf dieser landschaftlich sehr schönen Strecke wirken unnahbar.

Von Toujane hat man einen wunderbaren Blick auf das Mittelmeer und Djerba. Das schwindelerregend in den Berg gehauene, alte und weitgehend verlassene Dorf wird von den Ruinen einer Speicherburg überragt. Halten Sie an und trinken Sie am Straßenrand einen Tee aus Rosmarin und Thymian, der soll sehr gut für den Magen sein, ebenso der Honig von Toujane. Sie bekommen Tee und Honig im **Insider Tipp** *Café de Montagne* von Hesnaoui Mohammed, dort können Sie auch schöne Berberteppiche günstig kaufen und eine alte Ölmühle besichtigen. Sehr freundlicher Empfang. Außerdem gibt es in dem alten Gemäuer eine bescheidene, dafür romantische Übernachtungsmöglichkeit und Essen.

Auch in der *Auberge Chambala (Tel. 98 66 34 82 | €)* können Sie nach einer anstrengenden Tagestour sehr schlicht übernachten. Bechir, ein junger Einheimischer, bietet drei Zimmer und ein kleines Badezimmer mit warmem Wasser, sauber und freundlich. Er bereitet Essen und verkauft Teppiche und Tonwaren. *Beide liegen von Matmata kommend auf der Hauptstraße links.*

TATAOUINE

[120 C6] Tataouine (65 000 Ew.) ist eine wichtige Handelsstadt im Süden, die allerdings nur an den Markttagen montags und donnerstags aus ihrer Lethargie erwacht. Sie hat touristisch wenig zu bieten, eignet sich aber dank der guten Infrastruktur als Ausgangspunkt für Touren zu den Speicherburgen und den Wohnhöhlen des südlichen Dahar-Gebirges. Dorthin gibt es zwar inzwischen von Tataouine aus asphaltierte Straßen, aber kaum Hotels oder Restaurants. Die Dörfer im südlichen Bergland des Dahar zählen zu den schönsten Tunesiens.

Das südtunesische Bergland ist die Region mit der stärksten Abwanderung in Tunesien. Viele Speicherburgen wurden durch Stadtsanierung und Modernisierung in den 1960er-Jahren zerstört. Wie in der Gegend um Matmata wurden auch hier die Bewohner in neue Dörfer umgesiedelt.

■ SEHENSWERTES

MÉMOIRE DE LA TERRE
Das erdgeschichtliche Museum liegt an der Straße nach Chenini, gegenüber dem Hotel Mabrouk. Funde von Dinosauriern aus der Umgebung werden hier gezeigt. *Tgl. 9–16 Uhr | Eintritt 1,5 TND*

> www.marcopolo.de/djerba

SÜDTUNESIEN

ESSEN & TRINKEN

ESSENDABAD
Ein einfaches und günstiges Restaurant, aber mit ordentlichem Essen. *In einer Nebenstraße in der Nähe des Bahnhofs | Tel. 75 85 23 67 | So geschl. | €*

RESTAURANT DE LA GAZELLE
Ein Restaurant mit großer Auswahl und tunesischen Spezialitäten. Hier wird auch Alkohol serviert. *Anvenue Hedi Chaker | Tel. 75 86 00 09 | kein Ruhetag | €€*

EINKAUFEN

MARCHÉ ARTISANAL
Hier wird Kunsthandwerk aus der Region verkauft. *Place Ali Belhouane*

MOKTAR EL-MEGBLI
Angeboten werden sehr schöne gewebte Teppiche, Hochzeitstücher und Schals. Außerdem finden Sie Antiquitäten und alten Berberschmuck. Hier können Sie ungestört und in angenehmer Atmosphäre stöbern. Die Adresse ist in ganz Tunesien bekannt. *68, Avenue Habib Bourguiba*

ÜBERNACHTEN

DAKYANUS
Ein schickes Hotel mit allem Komfort (außer TV), Zentralheizung im Winter, Schwimmbad, Restaurant und Alkoholausschank. *80 Zi. | Route de Ghoumrassen | 7 km nach Tataouine | Tel. 75 83 21 99 | Fax 75 83 21 98 | €€*

Die Speicherburgen besuchen Sie am besten von Tataouine aus

TATAOUINE

HÔTEL DE LA GAZELLE
Das Hotel mit 32 Zimmern und warmer Dusche sieht wie eine Kaserne aus, ist aber eine durchaus akzeptable Unterkunft. *1, Avenue Hedi Chaker | Tel. 75 86 00 09 | Fax 75 86 28 60 |* €

SANGHO
Sehr schönes Luxushotel. 124 Zimmer und 62 Bungalows mit allem Komfort, TV, Zentralheizung, Frühstücksbüfett am Pool. *Auf der Straße nach Chenini, nach 2,5 km links ab | Tel. 75 86 01 24 | Fax 75 86 21 77 |* €€€

■ AUSKUNFT
OFFICE DE TOURISME
Avenue Habib Bourguiba | Tel. 75 85 06 86

■ ZIELE IN DER UMGEBUNG
CHENINI ★ [120 C6]
Eine der meistbesuchten Speicherburgen der Region, 18 km von Tataouine. Sie erreichen den idyllischen Ort auf einer asphaltierten Straße. Die Häuser sind in einen steilen Bergkamm gehauen. Während die Wohnhöhlen auf der einen Seite des Dorfs verlassen sind, sind sie auf dem gegenüberliegenden Berghang noch bewohnt. Gegen Bezahlung eines Führers kann eine Wohnhöhle besichtigt werden. Auch in Chenini gibt es, wie überall, den neuen Ortsteil. Die weiße ✲ Moschee von Alt-Chenini ist von weit her sichtbar. Ein Aufstieg zur Moschee (2 km vom Parkplatz unterhalb der Altstadt) lohnt sich. Von hier haben Sie einen weiten Blick in die Ebene des Dahar, auf Chenini und die Bergwelt. Eine Ölmühle, die immer noch von einem Dromedar betrieben wird, ist beim Aufstieg zu sehen. Zu den Attraktionen von Chenini gehören auch die „Sieben Gräber". Man fährt in Richtung Neu-Chenini und biegt dann rechts ab zur 2 km entfernten *Jemaa-Kedima-Moschee*. Auf dem anschließenden Friedhof befinden sich die überdimensionalen Gräber der „Sieben Riesen". Der Legende nach ist hier die letzte Ruhestätte verfolgter Christen, die die Gestalt von Riesen

> KSOUR
Befestigte Speicherburgen sind typisch für Südtunesien

Speicherburgen, sogenannte *Ksour*, dienten zur Lagerung der Ernte, wenn die nomadisch oder halbnomadisch lebenden Familien unterwegs waren. Die Gemeinschaftsanlage besteht aus mehreren rundlichen Speichern, den Ghorfas. Jede Familie hatte einen Ghorfa, in dem Olivenöl, Getreide und Viehfutter untergebracht wurde. Diese rundlichen Speicher waren um einen Hof aneinander gebaut. Ihre Türen öffneten sich nach innen auf den Hof. Von außen war alles durch dicke, hohe Mauern abgeschottet und geschützt. Ein Wächter und seine Familie wohnten ständig in der Speicherburg. Der *Ksar* wurde zum Schutz meistens auf Bergkuppen gebaut, aber auch in unmittelbarer Umgebung der Wohnungen. In den 1960er-Jahren wurden viele *Ksour* abgerissen. Heute werden sie als touristisches Kapital gepflegt.

SÜDTUNESIEN

angenommen hatten. Eine Einkehrmöglichkeit gibt es in der Station *Mabrouk,* unterhalb des Bergs, mit einer annehmbaren Küche trotz der vielen Touristen. Dort finden Sie auch einen Souvenirladen.

DOURIET [120 C6]

Ungefähr 25 km westlich von Tataouine liegt dieser kleine Ort. Oberhalb der neuen Ortschaft befindet sich der mächtige *Ksar.* Douriet war früher Karawanenetappe auf der Strecke zwischen Gabès und Ghadames in Libyen. Im Gegensatz zu Chenini sind hier die alten Wohnhöhlen längst aufgegeben. Die Speicherburg ist stark verfallen. Einige Bauten wurden als Vorzeigespeicherburgen restauriert. Die etwa 1000 Einwohner leben unterhalb des Hügels.

GHOUMRASSEN [120 C5]

25 km von Tataouine, Richtung Norden, erreichen Sie diesen lebendigen Ort, der zahlreiche Höhlenwohnungen und Ghorfakomplexe hat. Hoch auf dem Felsen liegt das Grab (Marabout) des Sidi Arfa, der ein Verwandter des arabischen Gelehrten Ibn Kaldhoun (13. Jh.) gewesen sein soll.

EL HALLOUF [120 B4]

Etwa 60 km nördlich von Tataouine liegt die von Bergen umschlossene Oase El Hallouf. Die Fahrt dorthin führt hinter Ksar Haddad durch einen landschaftlich sehr schönen Canyon, der aber bei Regen schwer zu befahren ist. Auf einer Hügelgruppe erhebt sich die Speicherburg, von der ein kleiner Teil in ein einfaches, sehr ro-

Die schöne Lage des Berberdorfs Chenini lockt viele Besucher an

TOZEUR

mantisches Hotel, *15 Zi.* | *Tel. 75 63 71 48* | €, umgewandelt ist.

KSAR OULED SOLTANE ⭐   [121 D6]

Gilt als der schönste *Ksar* Tunesiens. Da der Komplex 13 km südlich von Tataouine in die Ortschaft integriert ist, werden zahlreiche Gewölbe noch als Vorratskammern benutzt und sind mit Palmholztüren verschlossen. Ein Wärter lässt Sie hinein und kann Ihnen die Geschichte des *Ksar* auf Französisch erzählen. Trinkgeld wird – wie bei jeder Führung – erwartet. Die Bewohner des Dorfs wehren sich gegen den Umbau in ein Hotel.

MÉDENINE   [120 C4]

Zwischen der Küste und dem Bergland von Dahar Richtung libysche Grenze erstreckt sich eine halbwüstenartige Steppenlandschaft, die Djeffara-Ebene. Provinzhauptstadt dieser Region ist Médenine (66 000 Ew.), eine rege Kleinstadt knapp 50 km nördlich von Tataouine, die Touristen allerdings wenig zu bieten hat. Früher besaß Médenine den größten Ghorfa-Komplex Tunesiens. In den 1960er-Jahren wurde er von der Regierung abgerissen. Die einst 30 Ksour mit fast 600 Ghorfas sind nahezu vollständig verschwunden. Eine Reihe von Ghorfas liegen noch am Hang. Ein großer Ghorfa-Komplex wurde als Zentrum für Souvenirhändler restauriert. Die Stadt liegt zu beiden Seiten des Oued Smar. Um die Moschee im Zentrum erstrecken sich hübsche Gassen. Médenine ist Zwischenstation für Touren in den Süden. In Medenine gibt es das einfache Hotel *El Hana* in der Avenue Habib Bourguiba. Empfehlenswert sind das Hotel *Le Sahara* in der Avenue du 2-Mai, in der Nähe der Post *(Tel. 75 64 20 07* | €) oder das Hotel *Sangho* (Place du 7 Novembre | *Tel. 75 64 38 79* | €€).

TOZEUR

 KARTE IN DER HINTEREN UMSCHLAGKLAPPE

[118 B3] Das Las Vegas der tunesischen Wüste mit überdimensionierten, schicken Hotels, die nachts den Sternenhimmel um ein Vielfaches überstrahlen: mit Präsentationen von Tausendundeiner Nacht, die Walt Disney nicht besser gelängen, mit Touristen, die auf Pferdewagen oder in Gruppen die Stadt durchstreifen. Die Provinzhauptstadt des Bled Djerid (40 000 Ew.) ist neben Douz der wichtigste Fremdenverkehrsort im Süden Tunesiens. Bekannt ist die Stadt vor allem wegen ihres großen Palmenhains, den 200 Quellen und der originellen Lehmziegelbauweise. Mit dem Bau des internationalen Flughafens und Dutzenden von luxuriösen Hotels wurde Tozeur in den letzten zwei Jahrzehnten zur südtunesischen Touristenhochburg ausgebaut. Der Bauboom bringt jedoch auch ökologische Probleme mit sich: Die vielen Luxushotels mit ihren Schwimmbädern entziehen der Oase Wasser, viele Palmen darben und sterben ab. Inzwischen ist man bewusster und versucht, die Oasenkultur, die vielerorts brachliegt, wieder stärker aufzubauen.

Vornehmlich aus der Region um Tozeur kommen die besten Datteln Tunesiens: die berühmten *deglet en nour*, die „Finger des Lichts", werden hier geerntet.

> www.marcopolo.de/djerba

SÜDTUNESIEN

SEHENSWERTES

ALTSTADTVIERTEL OUELED HADEF

Die Straßen sind zum Teil überwölbt, sie münden in kleine Plätze. Überall an den renovierten Häusern gibt es die schönen Lehmziegelfassaden. Die Mauern der Häuser bestehen aus Stampferde und Backsteinen. Durch die versetzte Aufschichtung der Backsteine wurde den dicken Gemäuern eine höhere Stabilität gegeben. Gleichzeitig nutzte man die Backsteine für ornamentale Muster, die oft Koranverse zitieren. Fenster zur Straße hin gibt es kaum.

DAR CHERAIT

Im Museum des beeindruckenden Gebäudes neben dem Hotel Dar Cherait, *Les Trésor de Tunisie,* sind Kleider, Waffen, Schmuck und Szenen aus dem Leben der tunesischen Oberschicht im 18./19. Jh. zu sehen. Außerdem gibt es hier täglich eine moderne, für Kinder und Erwachsene interessante Multimediashow zur Geschichte Tunesiens. *Route Touristique | am Westrand der Stadt | www.darcherait.com.tn | tgl. 8–16 und 19–24 Uhr | Eintritt 6,5 TND*

MUSÉE DES ARTS ET TRADITIONS POPULAIRES

Das kleine Museum war früher Moschee und Koranschule. Es befindet sich in der alten Medina, im Haus des Sidi Bou Aissa. Gezeigt werden historische Gegenstände aus dem alltäglichen, rituellen und familiären Leben. Im Hof sind zwei Türen mit jeweils drei Eisenringen aufgestellt: Der linke war zum Klopfen für Männer reserviert, der rechte für Frauen, der mittlere für Kinder. So wusste man immer ungefähr, wer kommt. Türen dieser Art findet man noch überall in Tozeur. *Rue de Kairouan | tgl. außer Mo 8–12 und 15–18 Uhr | Eintritt 1,5 TND*

Beste Qualität: Datteln aus Tozeur

OASE

In der Oase von Tozeur wachsen etwa eine halbe Million Palmen. Sie bestimmen das Bild dieser Gartenlandschaft. Biegt man vor dem Hotel Continental von der Hauptstraße in die Oase ein, kommt man zunächst zur Siedlung *Bled el Hader.*

Die Oase können Sie zu Fuß, mit dem Fahrrad oder der Pferdekutsche (10 TND pro Stunde) erkunden. Unangenehm bei einem Spaziergang

TOZEUR

sind allerdings die vielen wilden Hunde.

ZIEGELBRENNEREI

Gleich hinter dem Belvédère befindet sich eine traditionelle Ziegelbrennerei, in der die Ziegelbausteine der Häuser von Tozeur wie eh und je gebrannt werden. Die etwa 20 Töpfer, die hier arbeiten, produzieren etwa 60 000 Ziegel pro Tag. Der junge, sehr freundliche Antar, der diese Arbeit in Familientradition weiterführt, erklärt Ihnen gern, wie es gemacht wird: Der angefeuchtete Erdbrei wird durchgeknetet und mit einem Holzrahmen in die gewünschte Form gebracht. Die Steine trocknen dann einige Tage in der Sonne, um anschließend 24 bis 36 Stunden im Ofen gebrannt zu werden.

ZOO DU DESERT

Der kleine Zoo liegt neben dem Paradiesgarten, einem exemplarisch kultivierten, schönen Oasengarten mit Rosen, Aprikosen, Pfirsichen und Erdbeeren. Im Zoo gibt es Sandvipern, Warane, Gazellen, einen Löwen aus dem Atlasgebirge und ein Dromedar, das Coca Cola trinkt. *Tgl. 8–18 Uhr | Eintritt 2 TND*

ESSEN & TRINKEN
CAFÉ DE LA ROSA

Am Tag wie am Abend sitzen hier vor allem Jugendliche, trinken Kaffee und rauchen eine Wasserpfeife. *Avenue Abou el-Kacem ech Chabbi | kein Ruhetag*

LE PETIT PRINCE

Ein sehr schön eingerichtetes Restaurant mit Reverenz an den Autor des „Kleinen Prinzen", Antoine de Saint-Exupéry. Französische und tunesische Küche, es wird Alkohol ausgeschenkt. *Auf der rechten Seite des Gouverneurspalasts beim Eingang zur Oase | Tel. 76 45 25 18 | kein Ruhetag | €€€*

EINKAUFEN
KUNSTHANDWERK

Überall auf der *Avenue Habib Bourguiba* gibt es Läden, in denen Ledersachen, Berberteppiche und Silberschmuck angeboten werden. Die Verkäufer dort fordern die Passanten unentwegt zum Eintreten auf. Das ist manchen Besuchern lästig. Wenn es Ihnen auch so geht: In der *Maison de l'Artisanat* finden Sie alle Dinge, die auch in den anderen Läden angeboten werden, und Sie können unbelästigt stöbern. *Avenue Abou el-Kacem ech Chabbi*

ÜBERNACHTEN
CONTINENTAL

Das große Hotel mit 140 Zimmern liegt im Palmenhain. Guter Komfort in den Zimmern und im Restaurationsbereich. *Avenue Abou el-Kacem ech Chabbi | Tel. 76 46 14 11 | €€*

DAR CHERAIT

Eine Unterkunft, die Träume aus Tausendundeiner Nacht wahr werden lässt: Das Luxushotel mit 73 Zimmern und 12 Suiten ist als orientalischer Palast gebaut. Viel Sorgfalt wurde auf architektonische Details und die Ausstattung gelegt. Das Hotel hat einen sehr schönen Garten. *Zone Touristique | Tel. 76 45 48 88 | Fax 76 45 44 72 | darcherait@tryp. tourism.tn | €€€*

> www.marcopolo.de/djerba

SÜDTUNESIEN

KARIM
Kleines Stadthotel mit gutem Mittelklassestandard. *15 Zi. | Avenue Abou el-Kacem ech Chabbi | nach dem Hotel Continental | Tel. 76 45 45 74 | €*

PALMYRE
Ein sehr schönes Luxushotel mit 105 Zimmern, im Stil eines lokalen Palasts gebaut. Bester Komfort, schöner Garten, großes Schwimmbecken. *In der Zone Touristique | Tel. 76 45 33 33 | hotel.palmyre@gnet.tn | €€€*

RESIDENCE WARDA
Empfehlenswertes Stadthotel mit schlichtem, aber sauberem und gutem Standard. 60 Zimmer, alle mit Bad. *Avenue Abou el-Kacem ech Chabbi | Tel. 76 45 25 97 | Fax 76 45 27 44 | €€*

AUSKUNFT

OFFICE DE TOURISME
Avenue Abou el-Kacem ech Chabbi | Tel. 76 45 40 88 | Fax 76 45 20 51

SYNDICAT D'INITIATIVE
Avenue Habib Bourguiba | Tel. 76 46 20 34

Nicht jedermanns Sache: Schlangen im Zoo du Desert

ZIELE IN DER UMGEBUNG

CHOTT EL DJERID ★ [118 A–C 4–5]
Über 300 km ziehen sich die Salzsenken Tunesiens vom Golf von Gabès bis zur algerischen Grenze hin: Chott el Djerid, Chott el Fejej, Chott el Gharsa. Der Chott el Djerid ist die größte unfruchtbare Salzsenke, die sich östlich von Tozeur

TOZEUR

und Nefta erstreckt. Zuflüsse aus den Bergen tragen Mineralien und Gestein in die Senke, die keinen Abfluss hat. Manchmal quillt Süßwasser aus Grundwasserstöcken an die Oberfläche. An diesen Stellen sammeln sich dann Kolonien von Flamingos. Im Frühjahr und Winter, wenn es regnet, sieht der Chott el Djerid wie ein richtiger See aus. Meistens ähnelt er jedoch einer riesigen, braunen Schlammfläche, in die man tief einbricht. Nicht nur bei Karl May, sondern auch in Wirklichkeit soll der Chott schon ganze Karawanen verschluckt haben.

Die Durchquerung des Chotts gestaltete sich noch bis in die 1980er-Jahre hinein abenteuerlich und nicht

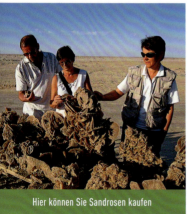

Hier können Sie Sandrosen kaufen

ungefährlich. Die von den Franzosen angelegte alte Dammstraße war teilweise zerstört. Erst Ende 1979 begann der Bau einer Asphaltstraße, die heute auch von Touristenbussen gut zu befahren ist. So kann man ganz bequem bei der etwa einstündigen Durchquerung von Tozeur nach Kebili diese braune Fläche mit ihren Kristallisationsplatten und ihren Luftspiegelungen, den Fata Morganas, genießen. Auf der Dammstraße gibt es einige Cafés, die Kristalle und Sandrosen verkaufen. Als Übernachtungsmöglichkeit nach einer Durchquerung von Tozeur aus bietet sich das *Hôtel des Dunes* (89 Zi. | 5 km nach Souk-Lahab links | Tel. 75 48 07 95 | Fax 75 48 06 53 | €€) etwa 20 km vor Kebili an. Das Hotel hat ein Schwimmbad und verfügt über allen Komfort.

NEFTA ★ [118 B4]
KARTE IN DER HINTEREN UMSCHLAGKLAPPE

Nefta (15 000 Ew.) ist ursprünglicher, geheimnisvoller und ruhiger als das 20 km entfernte Tozeur – auch wenn neu gepflanzte Palmen die beiden Oasen schon fast zusammenwachsen ließen. „Prinzessin der Sahara" wurde Nefta genannt. Die *Oase Corbeille* [Ins T] trennt Alt- und Neustadt voneinander. Sie ist mit ihren Gärten und Bewässerungsanlagen sehr sehenswert. Doch Sie sollten sich dafür unbedingt im *Syndicat d'Initiative (Avenue Habib Bourguiba | Tel. 76 43 02 36)* einen Führer nehmen.

Die Oase wird gespeist von 152 warmen und kalten Quellen. Doch auch hier kämpfen die Bauern mit Wassermangel, zu dichter Bepflanzung und Zerstückelung der Parzellen. Vom *Café de la Corbeille*, oben auf dem Hang, haben Sie einen schönen Blick auf die Oase im Talkessel und die in ein großes Betonbecken gefasste Quelle. Das Becken ist öffentliches Schwimmbad.

> www.marcopolo.de/djerba

SÜDTUNESIEN

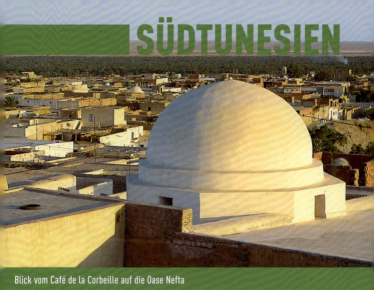

Blick vom Café de la Corbeille auf die Oase Nefta

Nefta war Hauptstation der Karawanen und schon immer ein spirituelles Sufi-Zentrum. Nach Auffassung der Sufis existiert neben den im Koran niedergelegten Regeln noch eine spirituelle Ebene, die den Weg zu Allah zeigt. Durch persönliche Hingabe, Askese und Weltentsagung versucht der Mystiker, in direkten Kontakt zu Gott zu treten. Diese Tradition lebt immer noch. Zu heiligen Männern in Nefta pilgern Tunesier und ausländische Prominenz, darunter, so wird gemunkelt, der französische Staatspräsident Jacques Chirac und die Schauspielerinnen Brigitte Bardot und Cathérine Deneuve. Sie stiegen selbstverständlich in Präsident Bourguibas Lieblingshotel, dem *Sahara Palace,* ab. Gleich neben disem zurzeit geschlossenen Traditionshotel liegt das Hotel ❈ *Bel Horizon (Tel. 76 43 03 28 | Fax 76 43 05 00 | www.nachoua.com | €€€).* Von hier hat man einen phantastischen Blick auf die Oase und die Altstadt. Das Hotel liegt an der touristischen Route über der Stadt, Die Altstadt, das Ghorfa-Viertel, ist eine typische Medina mit verwinkelten Gassen in der lokalen Ziegelbauweise.

Nefta wurde von Arabern aus der irakischen Stadt Koufra gegründet. Bis heute tragen die Frauen hier die irakischen Trachten. Die lebhafte *Place d'Indépendance* in der Altstadt mit ihren Läden, der Markthalle und dem Hotel Habib lohnt einen Besuch.

10 km von Nefta entfernt, Richtung algerische Grenze, finden Sie links der Straße, am Rand des Chott el Djerid, den *Markt der Sandrosen* [Insider Tipp] mit einer großen Auswahl dieser schönen Gebilde. Sand- oder Wüstenrosen bilden sich in Wüstengebieten beim Verdunsten aufsteigenden, sulfathaltigen Bodenwassers. Der dabei zurückbleibende Gips bildet zusammen mit Sandkörnern rosettenartige Gipsaggregate, die Sandrosen. Von hier kann man auch sehr gut einen einsamen Spaziergang in die schöne Dünenwüste machen.

Bild: Feigenkakteen

> DURCH GÄRTEN UND BERGOASEN

Erkundungen zu Fuß, mit Auto und Fahrrad

Die Touren sind auf dem hinteren Umschlag und im Reiseatlas grün markiert

1 DIE MENZEL AUF DJERBA

Zu Fuß oder mit dem Rad lernt man eine Gegend am besten kennen. Diese etwa 10 km lange Strecke bringt Ihnen die charakteristische Bauweise auf Djerba, die *Menzel* (traditionelle Wohngebäude), näher.

Am ausgeprägtesten ist diese Wohnform in der Umgebung von Midoun mit seinen vielen Gärten. Verstreut und versteckt liegen die weißen Häuser hier malerisch hinter Palmen und Kakteenhecken. Es lohnt sich, sie näher zu betrachten. Sie liegen in verträumter Landschaft mit Weberwerkstätten, Ölmühlen, Zisternen, Brunnen und Obstgärten. Hier werden Sie all das finden, was die Insel Djerba seit langer Zeit geprägt hat.

Die Wanderung dauert ungefähr fünf Stunden, wenn Sie mit dem Rad fahren, sollten Sie drei Stunden ein-

AUSFLÜGE & TOUREN

planen, denn Sie müssen auf einigen sandigen Wegabschnitten absteigen und schieben. Nehmen Sie einen Schutz gegen die Sonne und genug zu Trinken mit, denn eine Gaststätte finden Sie unterwegs nirgendwo. Die Wege sind nicht ausgeschildert, kleinteilige Karten von diesem Gebiet gibt es nicht im Handel. Sollten Sie sich trotz detaillierter Beschreibung in den Irrwegen der Menzel einmal verlaufen, so seien Sie gewiss: Die Straße ist nie weit, denn Djerba ist klein; und Taxis zurück gibt es überall.

Lassen Sie sich von einem Taxi ins Zentrum von Midoun *(S. 46)* bringen und trinken Sie im *Café M'hirsi* noch einen Kaffee, bevor Sie sich auf den Weg machen. Dann gehen Sie die Straße am Töpfermarkt entlang bis zur Kreuzung Midoun/El Hdada. Sie gehen nun links auf der Straße in Richtung El Hdada. Nach etwa

800 m verlassen Sie diese Straße und biegen rechts in eine Piste ein. 300 m weiter kommen Sie an einem schönen, restaurierten Brunnen mit Bewässerungssystem vorbei. Links davon steht ein verlassener *Menzel*. An der nächsten Kreuzung, nach etwa 200 m, gehen Sie ganz rechts weiter. Nach einigen Metern gelangen Sie an eine weitere Kreuzung. Hier nicht die Piste zur Linken nehmen, sondern auf derselben Piste ungefähr 150 m weitergehen. Bei der darauffolgenden Kreuzung nehmen Sie die Piste zur Linken und folgen ihr etwa 100 m. Sie kommen an einem Brunnen, einem Menzel und einer Weberei vorbei. Etwa 100 m weiter sehen Sie wieder einen sehr schönen Brunnen.

Nun wird die Piste 500 m lang sehr sandig. An einer Viehtränke mit schönen Gewölben folgen Sie dem Weg 500 m weiter, dann gehen Sie 250 m rechts bis zur nächsten Kreuzung. Dort gehen Sie links an einem Marabout vorbei und kommen zu einem kleinen Laden, der zum Dorf Arkou gehört. Einige Schritte hinter dem Laden gehen Sie links bis zu einer aufgelassenen Ölmühle.

Nehmen Sie nun den Weg zurück zum Laden, und folgen Sie dem Weg rechts. Die Piste kreuzt sich nach etwa 1 km mit der Straße Midoun–Aghir. Sie überqueren diese Straße und bleiben auf der Piste. Diese führt nun ungefähr 2,5 km lang durch wunderschöne Olivenhaine nach Mahboubine *(S. 50)*. Die knorrigen Olivenbäume dieser Region sind Legende und wurden als heilig verehrt. An der nächsten Kreuzung, nach 2,5 km, verlassen Sie diese Piste nach Mahboubine und folgen der Piste rechts bis zur Straße Midoun–Mahboubine. An dieser Kreuzung nehmen Sie den Weg rechts zurück zum Ausgangspunkt. Sie kommen dabei an schönen *Menzeln* vorbei. Nach etwa 1,3 km sind Sie wieder beim Ausgangspunkt in Midoun.

Besonders im Südosten Djerbas gibt es die traditionellen Menzel noch

AUSFLÜGE & TOUREN

2 UNTER BERBERN

Die Fahrt von Djerba in die Berberdörfer des nördlichen Dahar ist eine landschaftlich herausragende Tour. Sie führt zu der steil in den Berg gehauenen Berberstadt Toujane, die wegen ihrer Straßenverhältnisse noch nicht vom Massentourismus erobert wurde, zum touristischen Highlight Matmata mit seinen Wohnhöhlen und nach Tamezret, der alten Berberstadt mit ihrer Mondlandschaft. Als Zwischenstopp lohnt sich auf der Rückfahrt ein Besuch im Militärmuseum von Mareth. Für die rund 350 km lange Fahrt sollten Sie zwei Tage einplanen. Es reicht dafür ein normaler PKW.

Von Ajim *(S. 32)* auf Djerba setzen Sie mit der Fähre nach Djorf auf dem Festland über. Von hier sind es 51 km bis nach Mareth *(S. 67)*. In Mareth biegen Sie links Richtung Toujane (25 km) ab. Die schmale, asphaltierte Straße von Mareth nach Toujane führt in engen Kehren den Berg hinauf und ermöglicht eine herrliche Aussicht über die schöne Landschaft. In Toujane *(S. 74)* sollten Sie bei einer Einkehrmöglichkeit anhalten und das halb verlassene, bizarr in den Berg gehauene Dorf besichtigen. Mit dem Blick auf die Djeffara-Ebene und das Mittelmeer ist es eines der am schönsten gelegenen Dörfer im Süden von Tunesien.

Von Toujane fahren Sie eine sehr schmale, kurvenreiche, steile Straße bis nach Ben-Zelten, einem Ort mit einem alten *Ksar* (18 km). Nach 10 km erreichen Sie Neu-Matmata *(S. 71)*. Vorsicht: Nehmen Sie nicht die Straße von Toujane nach Alt-Matmata, denn die ist mit dem PKW teilweise nur schwer passierbar. Neu-Matmata entstand in den 1960er-Jahren auf dem Reißbrett und hat wenig zu bieten. Dort biegen Sie links in die Hauptstraße 107 ein, die sich den Berg hochschlängelt. Nach 10 km erreichen Sie das Haus der Fatima *(S. 72)*. Sie war eine der Ersten die ihre Höhlenwohnung touristisch vermarktet haben. Gleich links gegenüber führt eine Straße ins sehenswerte Dorf Haddej. Fährt man stattdessen die 107 weiter, erreicht man nach 5 km Alt-Matmata. Reizvoller als der Ort mit seiner guten touristischen Infrastruktur ist die landschaftliche Umgebung von Matmata – und natürlich die Troglodytendörfer, die wie Krater in die Landschaft eingegraben sind. Fahren Sie in Richtung Tamezret, und biegen Sie gegenüber dem Hotel Ksar-Amazigh rechts auf eine Piste ab. Sie erreichen nach 4 km den Weiler Bou Dafour mit seinen Palmenhainen und weißen Marabouts.

5 km weiter liegt der Ort Beni Aissa mit vielen Höhlenwohnungen. Fahren Sie zurück zur Hauptstraße und rechts nach Tamezret weiter. Nach 5 km kommen Sie in das Dorf Beni Metir etwas abseits der Straße, wo inzwischen viele Touristenbusse parken und die vielfach noch bewohnten Höhlenwohnungen besichtigt werden können. Nach ungefähr 12 km erreichen Sie Tamezret *(S. 73)*, das alte Berberdorf mit Blick auf die beginnende Sahara. In Matmata *(S. 71)* finden Sie zahlreiche gute Übernachtungsmöglichkeiten. Von Alt-Matmata auf der Hauptstraße 107 nach Gabès sind es 58 km, von dort bis zur Fähre nach Djerba 84 km.

3 DIE OASENTOUR

Diese Tour führt zu der Küstenoase Gabès, den Wüstenoasen Tozeur, Nefta, Kebili, Douz und den wunderschönen Bergoasen Chebika, Tamerza und Midès an der algerischen Grenze. Auf der Fahrt überqueren Sie alle drei Salzsenken Tunesiens mit ihren Naturschauspielen:

baute, schnurgerade Straße nach Gabès (84 km). In Gabès *(S. 64)* sollten Sie die fruchtbare Küstenoase besuchen und einen Abstecher auf den Souk de Jara *(Mo geschl.)* mit seiner großen Auswahl an orientalischen Spezialitäten machen.

Danach fahren Sie auf der Hauptstraße 15 34 km Richtung Kebili bis El Hamma du Gabès *(S. 67)*. Ein

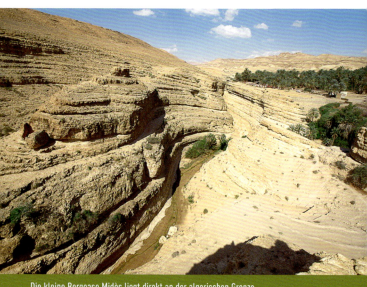

Die kleine Bergoase Midès liegt direkt an der algerischen Grenze

den Chott el Djerid, den Chott el Gharsa und den Chott el Fejej. Für diese landschaftlich außerordentlich schöne Tour mit einer Länge von ungefähr 1000 km sollten Sie mindestens vier Tage einrechnen. Als Fahrzeug genügt ein normaler PKW.

Von Ajim auf Djerba fahren Sie mit der Fähre nach Djorf auf dem Festland und von dort die gut ausge-

Zwischenstopp in dieser Oase zum Besuch des Thermalbads ist sehr empfehlenswert. Von El Hamma du Gabès sind es noch 124 km bis zur Oase Kebili *(S. 63)*. Dort oder im Hotel Les Dunes *(Tel. 75/48 07 11 | €€)* kurz vor dem Chott (18 km hinter Kebili) können Sie übernachten, denn für die Überquerung des beeindruckenden Chott el Dje-

> www.marcopolo.de/djerba

AUSFLÜGE & TOUREN

rid sollten Sie wieder gut ausgeruht und frisch sein.

Die Straße über die riesige Salzsenke bis **Degache** (86 km) ist inzwischen gut ausgebaut. 10 km hinter Degache liegt **Tozeur** *(S. 78)*. Die berühmteste Oase Tunesiens hat wie ihre Nachbaroase **Nefta** *(S. 82)* eine gut entwickelte touristische Infrastruktur. Hier finden Sie alles, auch eine große Auswahl an Hotels.

Von Tozeur fahren Sie ein Stück auf der Fernverkehrsstraße wieder zurück in Richtung Degache und biegen vor Degache (3 km) bei **El Hamma du Jerid** links nach **Chebika** *(S. 70)* ab. Die Oase El Hamma du Jerid ist bekannt für ihre heiße Thermalquelle. Hier behandelt man Rheumatismus. Die Strecke nach Chebika (44 km) ist sehr gut zu befahren und sehr schön. Sie überqueren den **Chott el Gharsa**, die zweitgrößte Salzsenke nach dem Chott el Djerid, und fahren dann in die Berge zur Oase *Chebika*. Am Ortseingang von Chebika biegen Sie rechts ab und fahren auf den Parkplatz. Von diesem touristischen Punkt aus können Sie die Oase besichtigen. Am Ortsausgang fahren Sie dann wieder rechts Richtung Tamerza und schlängeln sich von dort weiter durch die Berge. Nach 5 km erreichen Sie die kleine Oase **El Kangha**, die im Zweiten Weltkrieg, im Kampf zwischen den Deutschen und den Alliierten, mehrfach unter Feuer geriet. Nach weiteren 10 km durch die kahle, eindrucksvolle Bergwelt erreichen Sie die Oase **Tamerza** *(S. 71)*. Die Straße dorthin wurde von dem deutschen Feldmarschall Rommel im Zweiten Weltkrieg gebaut. Halten Sie kurz vor Tamerza am Schild mit der Aufschrift „Grand Cascade". Es lohnt sich, den Wasserfall links der Straße zu besichtigen. Vorbei am Zentrum und am schönen Hotel Tamerza Palace fahren Sie 8 km weiter bis **Midès** *(S. 71)*. Dort lohnt sich der Abstieg in die Schlucht am Ende des Dorfs. Sie kehren zurück bis zur Kreuzung (4 km) nach Tamerza, fahren aber nun geradeaus über **Redeyef** (23 km) und **Mounares** (19 km) bis **Metlaoui** *(S. 76)*. Diese Teilstrecke ist etwa 26 km lang. Die Landschaft dort erinnert an den Grand Canyon in den USA. Es ist eine bizarre Fahrt durch imposante Berge und das Phosphatfördergebiet. Fahren Sie durch Metlaoui hindurch und biegen Sie kurz vor dem Ortsende gegenüber dem Hotel Seldja links zum Bahnhof ab. Dort fährt täglich um 11 Uhr der Touristenzug **Lézard Rouge** *(S. 70)* durch die schroffe **Seldja-Schlucht** *(S. 70)* – sehr lohnend. Nun fahren Sie auf einer schnurgeraden Straße 42 km weiter nach **Gafsa** *(S. 67)*. Von dort nehmen Sie die Hauptstraße 15 Richtung Gabès und biegen dann nach 37 km hinter **El Amaiem** rechts nach Kebili ab. Diese Fahrt durch ungewöhnliche Bergformationen und die dritte Salzsenke, den **Chott el Fejej**, ist sehr empfehlenswert, die schmale Straße ist asphaltiert. Nach 67 km erreichen Sie **Kebili** *(S. 63)*, 28 km weiter liegt die Oase **Douz** *(S. 60)*, das Tor zur Sahara. Sie können in Kebili im **Fort des Autriches** *(88 Zi. | Tel. 75 49 21 04 | €€)* oder in einem der zahlreichen Hotels in Douz übernachten. Von Douz fahren Sie dann über Kebili und Gabès (186 km) zur Fähre nach Djerba (86 km) zurück.

EIN TAG AUF DJERBA
Action pur und einmalige Erlebnisse.
Gehen Sie auf Tour mit unserem Szene-Scout

GOOD MORNING
8:30

Super Auftakt mit einem leckeren Frühstück in *Mhirsis Café Viennoise*: Durch den raffinierten Mix aus französischen und tunesischen Spezialitäten gilt das Patisserie-Sortiment von duftenden Croissants und knackigen Baguettes bis hin zu süßen Baklavas aus Blätterteig, Nüssen und Pistazien als Insidertipp: genial mit Espresso oder landestypisch starkem Tee! **WO?** *Patisserie Mhirsi La Viennoise, Avenue Abdelhamid El-Kadhi/Place Mohamed Ali, Houmt Souk*

10:00
AUFGESATTELT

Auf dem Rücken von Araber- oder Berberpferden am Strand oder an maurischen Dörfern entlang galoppieren. Den tollen Ausblick genießen und mit Tier und Natur im Einklang sein. **WO?** *Mezraya Ranch, Mezraya | Kosten: 10 Euro/Std. | Anmeldung unter info@equitationadjerba.com | www.equitationadjerba.com*

ESSEN WIE GOTT AUF DJERBA
12:30

Ob Couscous oder Chorba, ob Pizza oder Pasta, bei *La Main de Fatma* sind neben traditioneller tunesischer Küche auch italienische Gerichte zu bekommen. Spätestens beim Genuss von Harrissa, einem tunesischen Vorspeisen- oder Beilagen-Dip aus rotem Chili und Knoblauch, erhält das Wort „scharf" eine neue Dimension. Von den Plätzen auf dem Balkon lässt sich an Markttagen das bunte Treiben der Händler wunderbar überschauen. **WO?** *La Main de Fatma, Avenue Ali Belhouane, Midoun*

14:00
WASSERABENTEUER

Mit Hochgeschwindigkeit gehts weiter. Das Speedboot wartet schon. In rasanter Fahrt düst man zur Blauen Lagune. Sobald der Fahrer das Tempo drosselt, ist das ein Zeichen, dass Delphine in der Nähe sind. Mit etwas Glück können die netten Meeresbewohner beobachtet werden. Spannend! **WO?** *Zu buchen zum Beispiel über das Hotel Calimera Yati Beach, Midoun | Tel. 75 74 66 50*

24 h

BIKETOUR UNTER PALMEN — 17:00

Locker in der Abendsonne in die Pedale treten heißt es auf dem 6,5 km langen Palmenweg bei Midoun. Sportiver wird es, wenn die Route in sandiges Gelände übergeht, gesäumt von Obstbäumen, Palmen und Agaven. **WO?** *Startpunkt: Place Meninx, Midoun | Radverleih über die Vermittlung des Syndicat d'Initiative Touristique, Rue 7 Novembre, Midoun | Kosten: ab 6 Euro/Tag*

19:00 — HAMAM MIT MEERBLICK

Wellbeing: Relaxen im edel designten Hamam des *Hasdrubal Spas* bringt Orientfeeling und super Energie. Spätestens nach der anschließenden Massage sind sämtliche Batterien wieder aufgeladen. Trumpf der raffinierten Architektur des Hamams ist der Blick auf das Meer. **WO?** *Touristenzone Plage de Sidi Mahrès | Kosten: Hamam inkl. Körpermassage ca. 30 Euro | www.hasdrubal-hotel.com*

DINNER ZWISCHEN FISCHERNETZEN — 20:30

Der Chef de cuisine verwöhnt seine Gäste am liebsten mit Fisch und Meeresfrüchten! Schließlich ist das *Haroun* das älteste Hafenrestaurant und die Topadresse der Stadt. Alljährlich im Juli und August wird die Gastronomie auf zwei fest verankerte „Piratenschiffe" verlegt. **WO?** *La Princesse de Haroun, Hafen, Houmt Souk.*

22:00 — DANCE THE NIGHT AWAY

Mit coolen Drinks und heißen Rhythmen ist in dem stylishen Tanztempel *Cleopatra* Austoben angesagt – und das bis in die frühen Morgenstunden. Berühmt berüchtigt ist die Disko für ihre DJs, die zwischen den brandaktuellen Charts und feurigen Sambabeats gekonnt jonglieren. **WO?** *Discothek Cleopatra, gegenüber dem Magic Life Hotel in der Touristenzone Plage de Sidi Mahrès.*

> ZU WASSER, ZU LANDE UND AUF DEM WÜSTENMEER

Egal, ob Sie es geruhsam oder aufregend mögen – Sie finden bestimmt das richtige Angebot

> Sport- und Freizeitangebote gibt es in Tunesien überall dort, wo Touristen sind. In der touristischen Zone von Djerba finden Sie sämtliche Angebote auf dem Wasser und zu Lande – ob Aerobic, Gymnastik, Tischtennis, Kegeln, Tennis, Segeln oder Surfen.

Fast alle Angebote können Sie über die großen Hotels buchen. Tauchen und alle sonstigen Wassersportarten werden ab Mitte Mai bis Mitte Oktober angeboten. Auch sämtliche Trendsportarten wie Walken oder Nordic Walking am Strand stehen in den Hotels auf dem Veranstaltungskalender. Aber auch das Fahrrad wird immer aktueller: Überall können Sie inzwischen gute Räder leihen. Selbst eine Wüstentour mit dem Rad kann gebucht werden. Besser geeignet dafür ist allerdings immer noch ein Dromedar. Überhaupt ist das Wüstenwandern auf dem Dromedar oder zu Fuß die reinste Wellnesskur für

Bild: Quadfahrer

SPORT & AKTIVITÄTEN

Körper und Seele und sei hier besonders empfohlen. Ansonsten ist Wandern, beispielsweise im schönen südtunesischen Dahar-Gebirge, sehr schwierig: Es gibt keinerlei markierte Wege und keinerlei Infrastruktur in der Gastronomie außerhalb der touristischen Punkte.

FALLSCHIRMFLIEGEN

Der kleine Adrenalinschub an langweiligen Strandtagen. Von einem Motorboot gezogen, schwebt man an einem Fallschirm über Strand und Wasser. *Wird überall am Strand angeboten und kostet 20 TND*

GOLF

Ein riesiger 27-Loch-Platz mit Palmen, umgeben von Halfagras, liegt in der touristischen Zone Djerbas. Einige Hotels stellen einen kostenlosen Shuttleservice zur Verfügung und bieten Unterricht an. *Greenfee*

(9 Loch) 25 TND, Ausrüstungsverleih. An einem Golfplatz in Tozeur wird noch gebaut. Die Benutzung des 9/18-Loch-Platzes auf Djerba kostet 88 bzw. 48 TND. *Tel. 75 65 90 55 | djerba.golfclub@planet.tn*

KITESURFEN

Kitesurfer und Buggysurfer haben auf Djerba ganzjährig Saison. Die deutsch-tunesische Surfschule *Les Dauphines* bietet Surf- und Actionreisen an. Djerba ist ein Paradies für die über das Wasser gleitenden Drachenpiloten. Ein bisschen Wind gibt es immer. Lehrgänge für Fortgeschrittene und Anfänger: *Globalkite | Route Touristique km 7 | Ghizen | Tel. 75 65 58 12 oder 75 65 46 89*

OVERCRAFT

Es braucht acht Personen, um dieses Vehikel, das über den Sand gleitet, zu bedienen. *Pégase | Douz, Route Touristique, in der Nähe des Café des Dunes | 35 TND für 15 Minuten*

QUADFAHREN

Die laute, PS-starke, umweltunfreundliche Alternative zum Fahrrad für Ausflüge auf die Insel, aber auch für Fahrten über die Dünen der Wüste. Das vierrädrige Motorfahrzeug können Sie in den Hotels oder überall in der touristischen Zone buchen. Eine Tour (1,5 Std.) kostet 35 TND. Verleih von Motorrädern, Skootern und Quads überall entlang der Touristenzone. Quadtouren dürfen nur mit Führern auf vorgeschriebenen Wegstrecken durchgeführt werden. Einen Quadverleih gibt es auch kurz vor der Abzweigung nach Midoun, *Tel. 75 73 20 63.* In Tozeur: *Quad Sahara (Tel. 76 45 48 00)* und *Dune Voyage (Tel. 76 46 01 01).* In Nefta: *Nefta Loisirs (Tel. 76 43 15 14).*

RADFAHREN

Besonders im Frühjahr, wenn die Sonne noch nicht glutheiß brennt, ist das Radfahren eine sehr empfehlens-

Highlight für Pferdefreunde: Reiten am Strand, abseits des Tourismus

SPORT & AKTIVITÄTEN

werte Art, die flache Insel Djerba zu erkunden. Fahrräder können Sie in fast allen Hotels ausleihen oder in Houmt Souk bei *Location de vélo (Rais | Avenue Abdelhamid El-Khadi | Tel. 75 65 03 03)*. Zwei Anbieter auf dem Festland: *Agence Ameur (Tozeur, 75, Avenue Chebbi)*, und *Location Vélo (gegenüber dem Campingplatz, Avenue Chebbi)*; *Grand Sud (Tahar Barka, Douz | Avenue Thaleb M'hiri, SaharaKing@Voila.fr)* verleiht nicht nur Fahrräder, sondern bietet auch Fahrradtouren durch die Wüste an.

REITEN

Überall in der touristischen Zone auf der Insel Djerba und in den touristischen Zonen von Douz und Tozeur kann man Pferde oder Dromedare zum Ausritt buchen, am besten und am einfachsten direkt im Hotel. Preis: 10–15 TND pro Stunde.

SEGELN

Auf Djerba gibt es viele sogenannte nautische Stationen direkt am Strand. Dort bieten Kleinstunternehmer die Fahrt auf dem Bananenboot, Jetski oder Wasserski an. Um ein Segelboot zu mieten, muss man sich an die großen Clubanlagen wenden. Dort gehören Segelboote zum Programm. Sie können zum Beispiel die Insel der Piraten auf einem Katamaran erkunden, Buchung im Hotel oder am Strand. Wer einen Segelschein vorweist, kann allein segeln. *Preis für eine Stunde 35 TND*

TAUCHEN

Kraken, Schwämme und Delphine könen Sie in der reichen Unterwasserwelt von Djerba entdecken. Ausflüge für erfahrene Taucher und Anfängerkurse werden in vielen Hotels angeboten, beispielsweise im *Golf Beach (Club Merry Land | Tel. 75 60 02 50)*, im *Palais des Îles (Club Jerba Sub | Tel. 75 60 24 44)* und im Hotel *Djerba Menzel (Centre de Plongée Archimède | Tel. 75 73 03 10)*.

WÜSTENWANDERN

Nichts, was den Blick fängt. Nur eine Farbe und die unterschiedlichen Reliefs der Dünen, Wüste und Himmel. Auf einer Wüstenwanderung mit Dromedaren können Sie die unerhörte Stille am besten genießen. Hervorragender Ausgangspunkt dafür ist Douz, das Tor zur Wüste. Dort finden Sie zahlreiche Agenturen, bei denen Sie Ihren betreuten und begleiteten Wüstentrip mit Dromedaren oder allradgetriebenen Fahrzeugen schon von Deutschland aus buchen können. Sie werden dann von ihrem jeweiligen Zielflughafen abgeholt. Bei den meisten Agenturen können Sie sich Länge, Art und Teilnehmerzahl der Wüstentour nach Ihren Wünschen selbst zusammenstellen.

Viele Touren gehen von Douz, El Faouar und Zaafrane bis zur Oase Ksar Ghilane. Einige Veranstalter sind z. B.: *Douz Voyages (alteingesessene Agentur | Tel. 75 47 01 79)*; *Dunes Voyage (El Faouar | Tel. 75 46 01 00)*; *Nefzaoua Voyages* **Insider Tipp** *(sehr engagierte junge Agentur | Rue de 20 Mars, Douz | Tel. 75 47 29 20 | Fax 75 47 29 22 | age.nefzaoua @planet.tn)*. Ein Tag kostet je nach Dauer zwischen 35 und 50 TND, alles inklusive.

> PHANTASIE AN DIE MACHT

Ein bisschen einfallsreich und unkonventionell muss man schon sein, um Piratenschiffe und Sandpisten kindgerecht genießen zu können

> Überall in Tunesien werden Kinder freundlich empfangen, angenommen, angesprochen und bewundert. Sie sind bei den Aktivitäten der Erwachsenen ganz selbstverständlich mit dabei.

Außer der Kinderbetreuung und Animation in allen größeren Hotels oder auf unterschiedliche Altersstufen zugeschnittene Clubprogramme gibt es aber kaum Angebote, die sich speziell an Kinder richten. Hier ist Phantasie bei Eltern und Kindern gefragt.

> *www.marcopolo.de/djerba*

DJERBA

DJERBA EXPLORE [115 D3]

Djerba Explore ist ein Freizeitpark, der die Geschichte und Kultur der Insel in einem Dorf und einem Museum aufbereitet. Vor allem für Kinder bietet dieser Park viel Abwechslung. Er beherbergt außerdem eine Krokodilfarm. Kinder haben hier die Möglichkeit, das Töpfern zu erlernen und zwar inmitten von Palmen, Bananenbäumen und Papyruspflanzen.

MIT KINDERN REISEN

Midoun, Route Touristique | Sommer tgl. 9–20, Winter bis 17.30 Uhr | Kombiticket 12 TND, Kinder 6 TND, Familienpass 30 TND

PIRATENTOUR [113 E–F1]

Fragen Sie einen Fischer im Hafen von Houmt Souk, ob er Sie auf die Flamingoinsel bringt. Es ist nicht schwer, jemanden gegen Entlohnung zu finden. Und erzählen Sie ihren Kindern vom Piraten Dragout, der lange auf Djerba weilte und kämpfte. So können Sie die Piratengeschichte mit dem Abenteuer einer echten Seefahrt verbinden. Sie können natürlich auch mit den touristischen Schiffen übersetzen, das ist aber weniger spannend. *Organisierte Touren ab 25 TND pro Person*

EINHEIMISCHES KINDERSPIEL

Als Anregung zum Nachmachen: Die kleinen Djerbi nutzen die Palme zu

Wer spießt die meisten Datteln auf?

einem Spiel, das eventverwöhnten Kindern den Spaß der Schlichtheit zeigt. Im Schatten der Palme formen sie eine kleine Vertiefung im Sand, in die einige unreife Datteln gelegt werden. Mit Palmzweigen versuchen sie, die Datteln aufzuspießen. Gewonnen hat, wer die meisten Datteln fischt.

REITEN
An den langen Stränden können Kinder hervorragend Reiten lernen. Die Insel ermöglicht außerdem wunderschöne Ausritte. Stundenlang am Strand entlang, zum Beispiel zur Flamingo-Insel. Natürlich sind die Kinder mit einem Reitlehrer, der oft auch Deutsch spricht, unterwegs. So lernen Kinder auch das andere Djerba, das Djerba der ursprünglich hier lebenden Bauern und Viehhirten, der Fischer und Händler kennen. Reitkurse für Kinder werden überall in der Touristischen Zone der Insel angeboten.

SÜDTUNESIEN

MUSÉE MÉMOIRE DE LA TERRE [120 C5]
Ein großer Dinosaurier überragt die Ebene von Tataouine, dort, wo sich das Museum befindet. Hier werden die Dinosaurierfunde der Region ausgestellt. *Tgl. 9–16 Uhr | Eintritt 1,5 TND*

MUSÉE DAR CHERAIT [118 B3]
Die Präsentation von Tausendundeiner Nacht in Tozeur mit der Grotte von Ali Baba, Sindbad dem Seefahrer und Basaren und der Rückblick auf 30 000 Jahre Geschichte Tunesiens sind sehr kurzweilig und unterhaltsam inszeniert. In der nachgebauten mittelalterlichen Medina können

MIT KINDERN REISEN

Kinder beispielsweise die Grotte des Ali Baba besuchen. Die Licht und Musik Show, Dar Zemen, ist sehr eindrücklich. Sie führt zurück in die prähistorische Geschichte Tunesiens, zu den Kathagern und Ottamanen bis in die Moderne. *Tgl. 8–24 Uhr | Erwachsene 6,5 TND, Kinder 3 TND*

BERBERROMANTIK [119 E5]

Jedes Jahr Ende Dezember treffen sich die Halbnomaden des Südens in der Oasenstadt Douz, um beim Saharafestival den *Danse de Cheval* zu tanzen. Das ist ein akrobatischer Pferdetanz. Hier wetteifern die Reiter der verschiedenen Berber- und Nomadenstämme aus Nordafrika um die Ehre ihrer Sippe. Vier Tage dauert das Festival, dessen Wurzeln bis in das Jahr 1910 zurückreichen. Begonnen hatte es als Fest der Kamele der örtlichen Mherazig-Berberstämme. Seit 1967 entwickelte es sich über die Grenzen Tunesiens hinaus zum bedeutendsten Festival Nordafrikas. Heute soll das Wüstenfest vor allem dazu beitragen, die ursprünglichen Traditionen der Saharavölker lebendig zu halten. Deshalb finden nicht nur spektakuläre Reiterspiele, Dromedarkämpfe und Windhundrennen statt, sondern auch Vorführungen von Folkloregruppen mit Tänzen, Szenen und Zeremonien aus dem Nomadenleben. Bei der feierlichen Eröffnung reiten die Beduinen an der Tribüne vorbei. Der Marathon der *Mehari*, der edlen weißen Rennkamele, ist der Höhepunkt der Veranstaltung. Herrlich anzuschauen ist auch der Hochzeitszug mit den von Kamelen getragenen turmartigen Sänften. Nach altem tunesischen Brauch wird die Braut in einer solchen Sänfte, geschützt vor fremden Augen, zum Haus ihres Bräutigams geleitet, von einer Armada farbenprächtig gekleideter Musikanten begleitet. Eine prächtiges Spiel nicht nur für Kinder.

WÜSTENSPIELE

Eigentlich ist der Rand der Wüste wie ein großer Sandkasten für Kinder. Ob in Douz oder Tozeur, Kinder haben beim Kamelritt, der überall angeboten wird, oder einfach beim Spiel oder bei dem Herunterrollen im feinen Sand der Dünen ihren Spaß. Ein Tagesausflug in die Wüste mit Führer und Kamel ist für jedes Kind eine bleibende Erinnerung. Begleitet Tagestouren werden in Südtunesien überall angeboten. Besonders Douz eignet sich als Ausgangspunkt.

QUAD FAHREN

Mit dem Quad, diesem Motrorrad auf vier Rädern durch die Wüste zu brausen macht sicher jedem Kind Spaß. Geführte Quad-Fahrten können einen Tag oder auch länger dauern. Die Fahrzeuge können auf Djerba, aber auch in Douz, Nefta oder Tozeur stundenweise gemietet werden. Kleinere Kinder werden mit Helm vom Vater oder der Mutter über die Dünen geschaukelt. Eine der spektakulärsten Routen führt etwa 150 km südwestlich von Djerba in den Grand Erg Oriental, das Sandmeer der Sahara, mit grandiosen Dünen aus feinstem, goldgelben Sand, aber auch mit überraschend grünen Oasen, mit Wäldern von mehreren Tausend Dattelpalmen und heißen Quellen. Diese Tour ist nur für große Kinder zu empfehlen.

> VON ANREISE BIS ZOLL

Urlaub von Anfang bis Ende: die wichtigsten Adressen und Informationen für Ihre Reise nach Djerba und Südtunesien

ANREISE

Charterflüge nach Djerba gibt es von vielen Städten Deutschlands, Österreichs und der Schweiz, Flugdauer ca. drei Stunden. Jeden Dienstag gibt es einen Linienflug mit der Tunisair von Frankfurt nach Djerba. Im Winter fliegt Tunisair auch direkt von Frankfurt nach Tozeur.

Mehrere Autofähren verbinden Europa mit Tunis von Genua, Sardinien, Sizilien oder Marseille. Informationen: *CNT und SNCM* | *Berlinerstraße 31–35* | *65760 Eschborn* | *Tel. 06196/77 30 60* | *Fax 773 06 22* | *www.aferry.de/sncm-ferries-de.htm*. Von Neapel nach Tunis fährt die *Neptunia Schifffahrtsgesellschaft (Bodenseestr. 3 a* | *81241 München* | *Tel. 089/89 60 73 40* | *Fax 89 60 73 33* | *2 Pers und PKW etwa 1400 Euro hin und zurück* | *www.neptunia.de).*

AUSKUNFT

TUNESISCHE FREMDENVERKEHRSÄMTER
Bockenheimer Anlage 2 | *60322 Frankfurt/Main* | *Tel. 069/133 83 50* | *Fax 13 38 35 22; 1010 Wien* | *Opernring 1* | *Tel. 01/585 34 80* | *Fax 585 34 18; 8001 Zürich* | *Bahnhofstrasse 69* | *Tel. 01211 48 30* | *Fax 01212 13 53; www.tourismtunisia.com*

AUTO

Südtunesien ist sehr angenehm zum Autofahren, da die Verkehrsdichte

> WWW.MARCOPOLO.DE
Ihr Reise- und Freizeitportal im Internet!

> Aktuelle multimediale Informationen, Insider-Tipps und Angebote zu Zielen weltweit ... und für Ihre Stadt zu Hause!

> Interaktive Karten mit eingezeichneten Sehenswürdigkeiten, Hotels, Restaurants etc.

> Inspirierende Bilder, Videos, Reportagen

> Kostenloser 14-täglicher MARCO POLO Podcast: Hören Sie sich in ferne Länder und quirlige Metropolen!

> Gewinnspiele mit attraktiven Preisen

> Bewertungen, Tipps und Beiträge von Reisenden in der lebhaften MARCO POLO Community: *Jetzt mitmachen und kostenlos registrieren!*

> Praktische Services wie Routenplaner, Währungsrechner etc.

Abonnieren Sie den kostenlosen MARCO POLO Newsletter ... wir informieren Sie 14-täglich über Neuigkeiten auf marcopolo.de!

Reinklicken und wegträumen!
www.marcopolo.de

> MARCO POLO speziell für Ihr Handy! Zahlreiche Informationen aus den Reiseführern, Stadtpläne mit 100 000 eingezeichneten Zielen, Routenplaner und vieles mehr.
mobile.marcopolo.de (auf dem Handy)
www.marcopolo.de/mobile (Demo und weitere Infos auf der Website)

PRAKTISCHE HINWEISE

nicht sehr hoch ist. Unberechenbar ist hier allenfalls ein plötzlich einbiegender Eselwagen oder ein Mopedfahrer, der Ihnen auf Ihrer Seite entgegenkommt. Auf Djerba gilt ein Tempolimit von 60 km/h, auf den Landstraßen des Festlands darf höchstens mit 90 km/h gefahren werden, in Ortschaften 40 km/h, auf Autobahnen 110 km/h. Vorsicht: Es gibt zahlreiche Radarkontrollen. Außerhalb der Ortschaften herrscht Anschnallpflicht. Alkohol am Steuer ist verboten. Das Tankstellennetz ist nicht überall lückenlos, deshalb sollten Sie in größeren Orten immer volltanken. Autofahrer sollten eine begrenzte Vollkaskoversicherung abschließen, da in Tunesien nicht jeder Fahrer versichert ist. Bei der Einreise mit dem eigenen Wagen benötigen Sie neben dem nationalen Führerschein und der Zulassung die grüne Versicherungskarte.

BANKEN & GELDWECHSEL

In jeder Bank und in fast jedem größeren Hotel wird Geld getauscht. In größeren Städten befinden sich Bankautomaten, an denen man mit Visa- oder Mastercard Geld abheben kann. Zum Geldwechseln in Banken und Hotels brauchen Sie den Reisepass. *Öffnungszeiten der Banken: Mo–Do 8–11.30 und 14–17, Fr 8–11 und 13.30–16, im Sommer und während des Ramadan Mo–Fr 8–11 und 13–14.30 Uhr*

CAMPING

Ein offizieller Platz liegt beim Strand von Aghir, neben dem Hotel Sidi Slim. Freies Campen an einsamen Strandabschnitten ist erlaubt.

WAS KOSTET WIE VIEL?

> **BROT** — 20 CENT
> für eine Stange Baguette

> **KAFFEE** — 60 CENT
> für eine Tasse Milchkaffee im Restaurant

> **COUSCOUS** — 3 EURO
> für eine Portion im traditionellen Restaurant

> **BENZIN** — 56 CENT
> für einen Liter Super

> **BIER** — 2–3 EURO
> für eine Flasche Celtia im Restaurant

> **TELEFON** — 83 CENT/MINUTE
> für ein Ferngespräch im Taxiphone

DIPLOMATISCHE VERTRETUNGEN

DEUTSCHE BOTSCHAFT
1, Rue El-Hamra Mutuelleville | Tunis | Tel. 71 78 64 55 | Fax 71 78 82 42 | www.tunis.diplo.de

ÖSTERREICHISCHE BOTSCHAFT
16, Rue Ibn Hamdis | El Menzah | Tunis | Tel. 71 75 10 91 | Fax 71 76 78 24 | tunis.ob@bmaa.gv.at

SCHWEIZER BOTSCHAFT
Immeuble Stramica | Les Berges du Lac, Tunis | Tel. 71 96 29 97 | Fax 71 96 57 96 | vertretung@tun.rep.admin.ch

EINREISE

Vorgeschrieben ist ein gültiger Reisepass, bei Pauschaltouristen reicht der Personalausweis. Da beim Geldwechseln manchmal der Personalausweis nicht anerkannt wird, sollte man einen Pass dabeihaben.

WÄHRUNGSRECHNER

€	TND	TND	€
1	1,70	10	5,74
2	3,41	20	11,48
3	5,11	30	17,22
4	6,81	40	22,96
5	8,52	50	28,70
7	11,92	70	40,18
8	13,62	80	45,92
9	15,33	90	51,66
10	17,03	100	57,40

FÄHREN

Die Autofähre von Ajim auf Djerba nach Djorf auf dem Festland verkehrt täglich von 5.30 Uhr bis 20.30 Uhr jede halbe Stunde, von 20.30 bis 23.30 Uhr jede Stunde, außerdem um 1, 3 und 4.30 Uhr. Preis: 0,800 TND für das Auto. Personen bezahlen nichts. Fahrtzeit: 15 Minuten

FOTOGRAFIEREN

Frauen, vor allem in abgelegenen Gegenden, lassen sich nicht gern fotografieren. Kasernen oder Militäranlagen dürfen nicht fotografiert werden. Filme kosten in Tunesien viel mehr als in Europa. Auch Speicherkarten für Digitalkameras sind teuer.

GESUNDHEIT

Es gibt keine außergewöhnlichen gesundheitlichen Gefahren in Tunesien, außer einem in der Tat gefährlichen Skorpionbiss oder einer Darmverstimmung wegen des ungewohnt stark gewürzten Essens. Medizinische Einrichtungen findet man noch in den kleinsten Orten, Apotheken gibt es überall. Die Medikamente sind günstig und die Apotheker kompetent. Adressen von Ärzten können Sie in Apotheken erfragen. Zwar übernehmen die Krankenkassen im Krankheitsfall die entstehenden Kosten, aber zu den bei uns üblichen Preisen. Eine Auslandsversicherung empfiehlt sich allemal. Auf keinen Fall vergessen sollten Sie Mücken- und Sonnenschutz.

INTERNET

Der Zugang zum und der Umgang mit dem Internet ist in Tunesien noch nicht selbstverständlich. Diegroßen Hotelketten haben Homepages, kleinere Hotels sowie Museen und Restaurants haben nicht immer eine Internetadresse.

INTERNETCAFÉS & WLAN

Die Internetcafés heißen in Tunesien *Publinet*. Man findet sie beispielsweise in Gabès in der Avenue Habib Bourguiba im Gabès Center oder in Douz in der Avenue 20 Mars, gegenüber dem Hôtel du 20 Mars, in Houmt Souk In der Avenue Habib

> *www.marcopolo.de/djerba*

PRAKTISCHE HINWEISE

Bourguiba, gegenüber dem technischen Gymnasium und in der Rue Sidi Abbès bei der Fremdenmoschee. WLAN-Hotspots sind noch nicht sehr verbreitet. Sie finden sie, außer an Flughäfen, in einigen Businesshotels, dort jedoch nur für Gäste.

KLIMA

Djerba hat überwiegend mediterranes Klima mit heißen Sommern und milden Wintern. Allerdings kann es im April und Mai noch kühl sein. Das Wüstenklima im Süden bringt auch in den heißen Sommernächten Abkühlung. Die Monate November bis Januar sind für Kameltrekking und Wüstentouren besonders geeignet. Zwischen Februar und April ist das Wetter unberechenbar, es gibt oft unangenehme Sandstürme.

MEDIEN

Deutschsprachige Zeitungen und Zeitschriften sind in Buchläden und an Kiosken, vor allem in den Hotels und den touristischen Zonen, erhältlich. Eine deutschsprachige Sendung gibt es täglich auf Radio Tunis International von 10 bis 11 Uhr.

MIETWAGEN

Internationale Firmen sind überall vertreten. Sie können in ihrem Reisebüro, vor Ort oder über das Hotel mit Kreditkarte gebucht werden. Daneben gibt es kleine lokale Autovermieter. Sie sind manchmal günstiger. Ein Mietwagen kostet etwa 50 bis 55 Euro pro Tag. Der Tarif schließt die Versicherung bei einer Eigenbeteiligung von ca. 400 Euro ein. Weitere Angebote für Autovermietungen finden Sie unter *www.marcopolo.de*.

NOTRUF

Polizei Tel. 197, Notdienst Tel. 198

ÖFFENTLICHE VERKEHRSMITTEL

Von Gabès fahren Züge nach Sfax oder Tunis, in die Bergregion nach Metlaoui und bis Tozeur. Zugfahren ist in Tunesien sehr gemütlich. Fah-

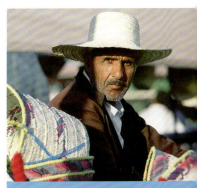

Markttag in Midoun

ren Sie 1. Klasse, die Wagen der 2. Klasse sind häufig sehr voll. Im Süden gibt es zahlreiche, manchmal unregelmäßige Busverbindungen zu anderen Städten. In großen Städten gibt es einen Busbahnhof, in kleineren Orten muss man die Haltestelle, die meist im Zentrum liegt, erfragen.

POST

Ein Brief oder eine Postkarte nach Europa kostet 0,6 TND. Briefmarken gibt es außer im Postamt auch in Tabakläden und an der Rezeption im Hotel zu kaufen. *Öffnungszeiten der Postämter: Winter Mo–Fr 8–12 und 15–18, Sa 8–13, Sommer/Ramadan Mo–Sa 8–13 Uhr*

■ PREISE & WÄHRUNG

In den meisten Läden gibt es feste Preise. Nur in den Souks müssen Sie feilschen. Außer in den touristischen Zonen sind in Tunesien alle Formen der Dienstleistung, aber auch die Grundnahrungsmittel (Brot ist staatlich subventioniert) billiger als bei uns. Alkohol ist teuer und hat je nach Restaurant, Hotel oder Bar sehr unterschiedliche Preise. Währungseinheit ist der tunesische Dinar, geteilt in 1000 Millimes. Egal ob Bank, Hotel oder Flughafen – der Wechselkurs ist überall gleich. Es gibt Banknoten zu 5, 10, 20 und 30 Dinar, Münzen zu 5, 10, 20, 50, 100 und 500 Millimes, 1 und 5 Dinar.

■ SICHERHEIT

Tunesien ist ein sicheres Reiseland. Die Bestrafung von Delikten, vor allem auch solchen gegenüber Touristen, ist hart. Tunesien setzt neben vielen Polizisten auch eine große Anzahl von zivilen Sicherheitskräften ein. Kleinerer Kriminalität sollten Sie, wie überall sonst auch, selbst vorbeugen: Keine Wertsachen auf den Zimmern oder im Auto herumliegen lassen und im dichten Gedränge der Märkte auf die Taschen achten.

■ SPRACHEN

In den touristischen Zonen wirkt die Sprachgewandtheit der Tunesier babylonisch. Sie haben sich auf die ausländischen Besucher eingestellt, fast jeder spricht ein paar Brocken Englisch, Deutsch, Italienisch. Die Landessprache ist Arabisch. Die französische Sprache aus der Kolonialzeit ist beibehalten worden und wird schon in der ersten Grundschulklasse gelehrt. Die meisten Tunesier sprechen heute Französisch. Hocharabisch wird geschrieben und gelesen,

WETTER AUF DJERBA

Jan.	Feb.	März	April	Mai	Juni	Juli	Aug.	Sept.	Okt.	Nov.	Dez.
16	18	21	23	26	29	32	33	31	28	23	18
Tagestemperaturen in °C											
8	9	11	14	16	20	22	23	22	19	14	10
Nachttemperaturen in °C											
8	8	9	9	10	11	12	12	10	8	8	7
Sonnenschein Std./Tag											
4	4	3	2	1	1	0	0	3	4	4	4
Niederschlag Tage/Monat											
16	15	15	17	18	21	24	26	26	24	20	18
Wassertemperaturen in °C											

PRAKTISCHE HINWEISE

Umgangssprache ist aber ein tunesischer Dialekt, der von Norden nach Süden variiert.

STROM

Im Allgemeinen findet man in den modernen Hotels 220 Volt Wechselstrom. Im Süden aber, außerhalb der touristischen Infrastruktur, kommen noch häufig 110 Volt vor, dann ist ein Adapter nötig.

TAXI

Die kleinen gelben Taxis sind mit einem Taxameter ausgestattet und fahren innerhalb der Orte. Die Grundgebühr beträgt 0,380 TND. Vier Personen können mitfahren. Eine dreistündige Inselrundfahrt kostet zwischen 45 und 50 TND und ist billiger als ein Mietwagen für einen Tag. Der Transport großer Gepäckstücke kostet extra.

Die rot-weißen *louages*, Sammeltaxis, fahren über festgelegte Strecken zwischen den großen Städten durch ganz Tunesien. Sie können damit von Süd bis Nord das Land durchqueren. *Taxiruf auf Djerba: Tel. 75 67 60 60.*

TELEFON & HANDY

Telefonieren können sie in den zahlreichen *Taxiphones*, den Telefonbüros, mit Münzfernsprechern. Dort sitzt immer jemand, der das Geld wechselt. Ein Ortsgespräch kostet höchstens 0,2 TND, ein Ferngespräch nach Europa ungefähr 1 TND pro Minute. Zwischen 20 und 8 Uhr gelten günstigere Tarife. Vorwahlen: Deutschland 0049, Österreich 0043, Schweiz 0041, Tunesien 00216. Vorsicht: Telefongespräche aus dem Hotel sind sehr teuer. Wenn Sie Ihr international zugelassenes Handy benutzen, zahlen Sie für im Ausland empfangene Gespräche die Gebühren bis zur Landesgrenze. In Tunesien kostet dann die Minute ungefähr 50 Cent.

TRINKGELD

Ursprünglich war Bakschisch eine Gabe, um seine Dankbarkeit für erwiesene Gastfreundschaft zu zeigen. Heute ist das Trinkgeld für viele Beschäftigte im Tourismus wichtig, da die Gehälter niedrig sind. Der Gepäckträger erwartet Trinkgeld, aber auch der freundliche Kellner und der zuvorkommende Rezeptionist. Vergessen Sie nicht, dass Sie als Vertreter eines reichen Landes gesehen werden. Also: Halten Sie immer einige Münzen bereit – und seien Sie nicht kleinlich. Üblich sind 10 Prozent.

TRINKWASSER

Das Wasser ist in den großen Städten trinkbar, aber es schmeckt gechlort. Für empfindliche Mägen empfiehlt sich Mineralwasser.

ZEIT

In Tunesien gilt die MEZ, seit 2005 gibt es auch die Sommerzeit.

ZOLL

Zollfrei einführen können Sie 400 Zigaretten, 100 Zigarren oder 500 g Tabak, 2 l Alkohol bis zu 25 Prozent, über 25 Prozent 1 l. Antiquitäten dürfen nicht ausgeführt werden. Ausführen darf man zollfrei Waren, bei denen von der Menge her nicht auf einen Wiederverkauf geschlossen werden kann.

> TU PARLES FRANÇAIS?

„Sprichst du Französisch?" Dieser Sprachführer hilft Ihnen, die wichtigsten Wörter und Sätze auf Französisch zu sagen

Aussprache

Zur Erleichterung der Aussprache sind alle französischen Wörter mit einer einfachen Aussprache (in eckigen Klammern) versehen.

AUF EINEN BLICK

Ja/Nein	Oui [ui]/Non [nong]
Vielleicht	Peut-être [pöhtätr]
Bitte	S'il vous plaît [sil wu plä]
Danke	Merci [märsi]
Gern geschehen.	De rien. [dö rjäng]
Entschuldigen Sie!	Excusez-moi! [äksküseh mua]
Wie bitte?	Comment? [kommang]
Ich verstehe Sie/dich nicht.	Je ne comprends pas. [schön kongprang pa]
Ich spreche nur wenig Französisch.	Je parle un tout petit peu français. [schpar äng tu pti pöh frangsä]
Können Sie mir bitte helfen?	Vous pouvez m'aider, s.v.p.? [wu puweh mehdeh sil wu plä]
Guten Morgen/Tag!	Bonjour! [bongschur]
Guten Abend!	Bonsoir! [bongsuar]
Hallo!/Grüß dich!	Salut! [salü]
Wie ist Ihr Name, bitte?	Comment vous appelez-vous? [kommang wus_apleh wu]
Wie heißt du?	Comment tu t'appelles? [kommang tü tapäl]
Mein Name ist …	Je m'appelle … [schö mapäl]
Ich komme aus …	Je suis de … [schö süi dö]
… Deutschland.	… l'Allemagne. [lalmanj]/
… Österreich.	… l'Autriche. [lohtrisch]
… der Schweiz.	… la Suisse. [la süis]
Auf Wiedersehen!/Tschüss!	Au revoir! [oh röwuar]/Salut! [salü]
Hilfe!	Au secours! [oh skur]
Rufen Sie bitte schnell …	Appelez vite … [apleh wit]
… einen Krankenwagen.	… une ambulance. [ün_angbülangs]
… die Polizei.	… la police. [la polis]
offen/geschlossen	ouvert,e [uwär, uwärt]/fermé,e [färmeh]
drücken/ziehen	presser [presseh]/tirer [tireh]
Eingang/Ausgang	l'entrée [l'angtreh]/la sortie [la sorti]
Wo sind bitte die Toiletten?	Où sont les W.-C., s.v.p.? [u song leh wehseh sil wu plä]

> **www.marcopolo.de/djerba**

SPRACHFÜHRER FRANZÖSISCH

Damen/Herren	dames [damm]/messieurs [messjöh]
heute/morgen	aujourd'hui [oschurdüi]/demain [dömäng]
Wie viel Uhr ist es?	Quelle heure est-il? [käl_ör ät_il]

UNTERWEGS

Bitte, wo ist …?	Pardon, où se trouve …, s.v.p.? [pardong, us truw … sil wu plä]
… der Flughafen?	… l'aéroport … [laehropor]
… die Haltestelle?	… l'arrêt … [larä]/ … la station … [la stasjong]
… der Taxistand?	… la place de voitures … [la plas dö woitür]
Bus/Fähre/Zug	le bus [lö büs]/le bac [lö bak]/le train [lö träng]
Entschuldigung, wie komme ich nach …?	Pour aller à …, s.v.p.? [pur_aleh a sil wu plä]
Immer geradeaus bis …	Vous allez tout droit jusqu'à … [wus_aleh tu drua schüska]
Dann links/rechts abbiegen.	Ensuite, vous tournez à gauche/à droite. [angsüit wu turneh a gosch/adruat]
nah/weit	près [prä]/loin [luäng]
Überqueren Sie …	Vous traversez … [wu trawärseh]
… die Brücke.	… le pont. [lö pong]
… den Platz.	… la place. [la plas]
… die Straße.	… la rue. [la rü]
Ich möchte ein Auto mieten.	Je voudrais louer une voiture. [schwudrä lueh ün wuatür]
Wo ist bitte die nächste Tankstelle?	Pardon Mme/Mlle/M. , où est la stationservice la plus proche, s.v.p.? [pardong madam/madmuasäl/mösjöh u ä la stasjong särwis la plü prosch sil wu plä]
Ich habe eine Panne.	Je suis en panne. [schö süis_ang pan]
Würden Sie mir bitte einen Abschleppwagen schicken?	Est-ce que vous pouvez m'envoyer une dépanneuse, s.v.p.? [äs_kö wu puweh mangwuajeh ün dehpanöhs sil wu plä]
Gibt es hier in der Nähe eine Werkstatt?	Est-ce qu'il y a un garage près d'ici? [äs_kil_ja äng garasch prä disi]

ESSEN/UNTERHALTUNG

Die Speisekarte, bitte.	La carte, s.v.p. [la kart sil wu plä]
Ich nehme …	Je prendrai … [schö prangdrä]
Bitte ein Glas …	Un verre de …, s.v.p. [äng wär dö … sil wu plä]

Besteck	les couverts [leh kuwär]
Messer/Gabel/Löffel	le couteau [lä kutoh]/la fourchette [la furschät]/la cuillère [la kuijär]
Vorspeise	le hors-d'œuvre [lö ordöwr]
Hauptgericht	le plat de résistance [lö plad rehsistangs]
Nachspeise	le dessert [lö dehsär]
Salz/Pfeffer	le sel [lö säl]/le poivre [lö puawr]
scharf	fort,e [for, fort]
Ich bin Vegetarier/in.	Je suis végétarien. [schö süi weschetariang]
Trinkgeld	le pourboire [lö purbuar]
Die Rechnung, bitte.	L'addition, s.v.p. [ladisjong sil wu plä]

■ EINKAUFEN

Wo kann ich … kaufen?	Où est-ce qu'on peut acheter …? [u äs kong pöht aschteh]
Apotheke	la pharmacie [la farmasi]
Bäckerei	la boulangerie [la bulangschri]
Kaufhaus	le grand magasin [lö grang magasäng]
Lebensmittelgeschäft	l'épicerie [lehpisri]
Markt	le marché [lö marscheh]

› ARABISCH
Für alle Fälle: das Wichtigste in der Landessprache

Kursives (männliche Form) ist bei Bedarf entsprechend durch […] (weibliche Form) zu ersetzen

Ja./Nein.	na'am/la oder: kalla	نعم/لا، كلا
Bitte./Danke.	min fadlak/schukran	من فضلك/شكرا
Entschuldigung!	'afwan	عفوا
Guten Tag!/Guten Abend!	sabba l-chair/masa l-chair	صباح الخير/مساء الخير
Auf Wiedersehen!	ma'a s-salama	مع السلامه
Ich heiße …	ismi …	اسمي
Ich komme aus …	ana min …	انا من
… Deutschland.	… almania	المانيا
… Österreich./Schweiz.	… al nimsa/swizera	النمسا/سويسرا
Ich verstehe Sie nicht.	ana la afhamuka [ki]	انا لا افهمك
Wie viel kostet es?	kam jukallif dhalika	كم يكلّف ذلك
Bitte, wo ist…?	'afwan aina …	عفوا اين

1	wahid	(واحد)١	5	chamsa	(خمسة)٥	9	tis'a	(تسعة)٩
2	itnan	(اثنان)٢	6	sitta	(ستة)٦	10	'aschra	(عشرة)١٠
3	talata	(ثلاثة)٣	7	sab'a	(سبعة)٧	20	'ischrun	(عشرون)٢٠
4	arba'a	(اربعة)٤	8	tamanija	(ثمانية)٨	100	mia	(مئة)١٠٠

SPRACHFÜHRER

Haben Sie …?	Vous avez …? [wus_aweh]
Ich möchte …	J'aimerais … [schämrä]
Eine Einkaufstüte, bitte.	Un sac, s.v.p. [äng sak sil wu plä]
Das gefällt mir nicht.	Ça ne me plaît pas. [san mö plä pa]
Wie viel kostet es?	Combien ça coûte? [kongbjäng sa kut]
Nehmen Sie Kreditkarten?	Vous prenez les cartes de crédit? [wu pröneh leh kart dö krehdi]

ÜBERNACHTEN

Ich habe bei Ihnen ein Zimmer reserviert.	J'ai réservé une chambre chez vous. [schö rehsärweh ün schangbrö scheh wu]
Haben Sie noch …	Est-ce que vous avez encore … [äs_kö wus_aweh angkor]
… ein Einzelzimmer?	… une chambre pour une personne? [ün schangbr pur ün pärsonn]
… ein Zweibettzimmer?	… une chambre pour deux personnes? [ün schangbr pur döh pärsonn]
mit Bad	avec salle de bains [awäk sal dö bäng]
Was kostet das Zimmer mit Frühstück?	Quel est le prix de la chambre, petit déjeuner compris? [käl_ä lö prid la schangbr pti dehschöneh kongpri]

PRAKTISCHE INFORMATIONEN

Können Sie mir einen Arzt empfehlen?	Vous pourriez recommander un médecin, s.v.p.? [wu purjeh rökommang deh äng bong mehdsäng sil wu plä]
Ich habe hier Schmerzen.	J'ai mal ici. [scheh mal isi]
Eine Briefmarke, bitte.	Un timbre, s.v.p. [äng tambre sil wu plä]
Postkarte	la carte postale [la kart postal]
Wo ist hier bitte eine Bank?	Pardon, je cherche une banque. [pardong schö schärsch ün bangk]
Geldautomat	la billetterie [la bijätri]

ZAHLEN

1	un, une [äng, ühn]	11	onze [ongs]
2	deux [döh]	12	douze [dus]
3	trois [trua]	20	vingt [wäng]
4	quatre [katr]	50	cinquante [sängkangt]
5	cinq [sängk]	100	cent [sang]
6	six [sis]	200	deux cents [döh sang]
7	sept [sät]	500	cinque cents [sängk sang]
8	huit [üit]	1000	mille [mil]
9	neuf [nöf]	1/2	un demi [äng dmi]
10	dix [dis]	1/4	un quart [äng kar]

Boote am Strand

> UNTERWEGS IN DJERBA

Die Seiteneinteilung für den Reiseatlas finden Sie auf dem hinteren Umschlag dieses Reiseführers

REISE ATLAS

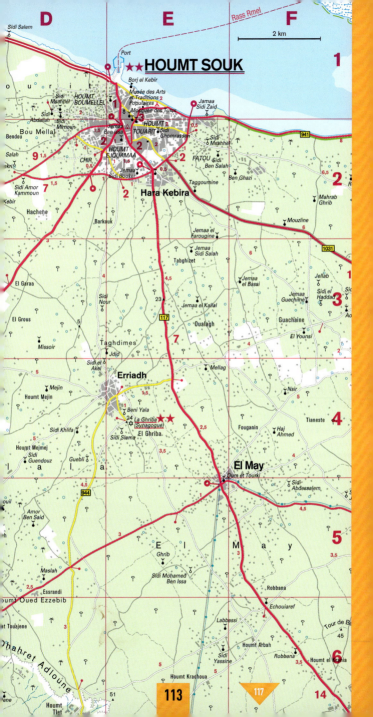

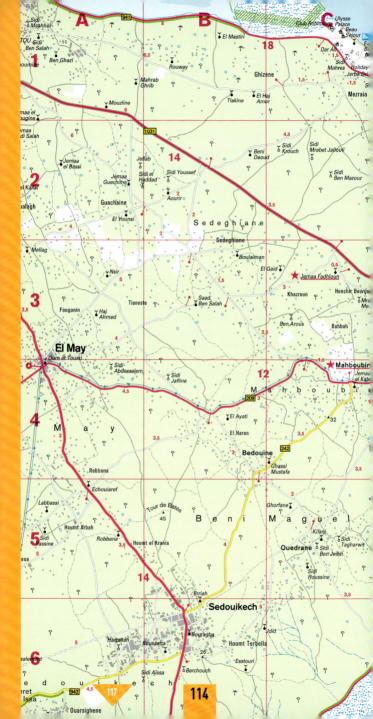

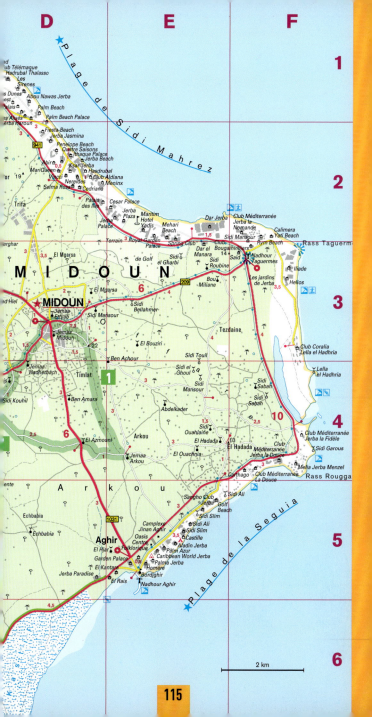

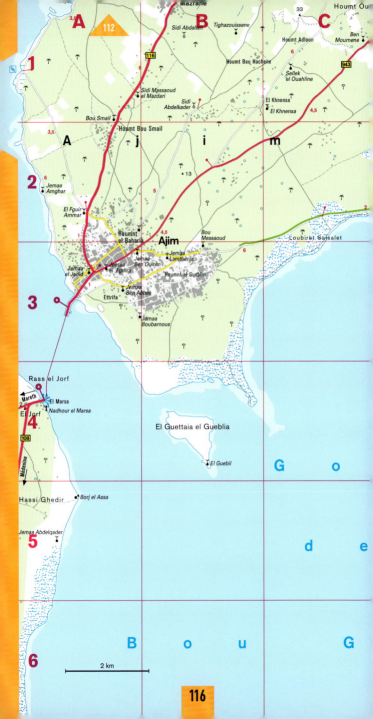

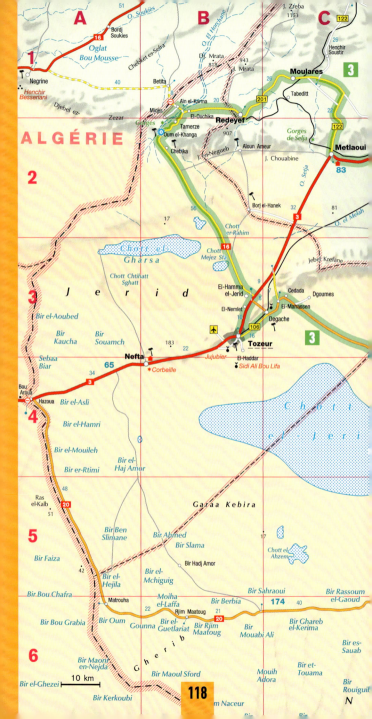

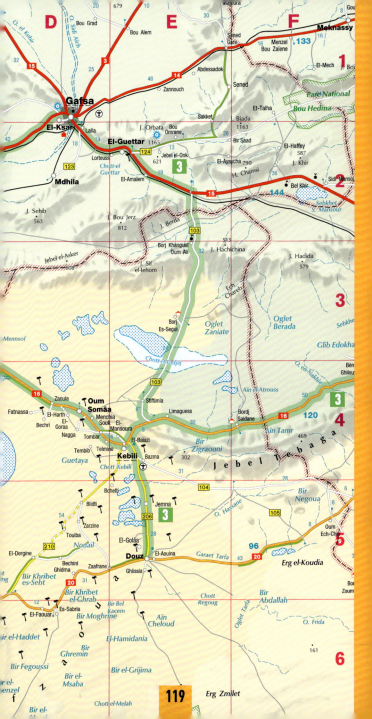

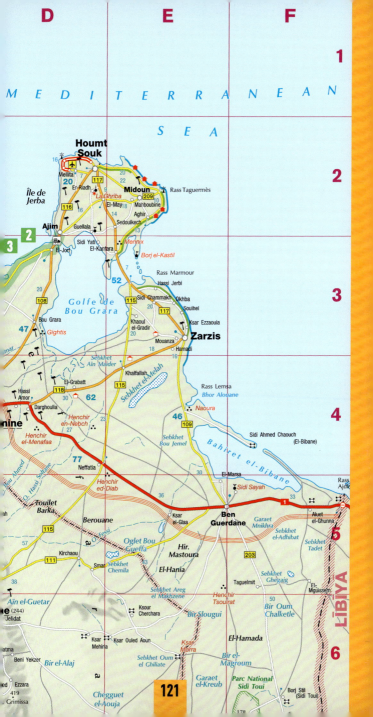

KARTENLEGENDE

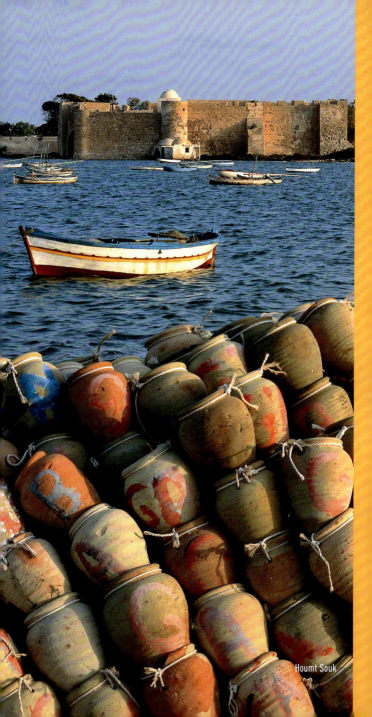
Houmt Souk

REGISTER

Hier finden Sie alle in diesem Reiseführer erwähnten Orte und Ausflugsziele, wichtige Sachbegriffe und Personen. Halbfette Seitenzahlen verweisen auf den Haupteintrag, kursive auf ein Foto.

Aghir 56f.
Ajim 23, **32ff.**, 87, 88
Almohaden 51
Amaiem, El 89
Animalia (Krokodilfarm) 51
Arkou 50
Ben Ali, Zine el- Abedine 18, 21
Beni Aissa 87
Beni Metir 87
Bir Lahmar-Tataouine
Bordj Djillidj 44f.
Bordj el Kebir 37f.
Bordj el Marsa
Bordj el Ras 38
Bordj Kastil 14
Bou Dafour 87
Bourguiba, Habib 18
Chebika **70**, 89
Chenini 76f.
Chott el Djerid 8, **81f.**
Chott el Fejej 81, 89
Chott el Gharsa 81, 89
Degache 89
Douriet *58/59*, 77
Douz 22, 23, **60ff.**, 89, 94, 95
Dragout 35, **38**
El Amaiem 89
El Faouar **63**, 95
El Hallouf 77f.
El Hamma du Gabès **67**, 88
El Hamma du Jerid 89

El Hdada 85
El Kanga 89
El Kantara 32, **35**, 38
El May 36
Erriadh **43**, 46
Faouar, El **63**, 95
Flamingoinsel 45f.
Gabès **64ff.**, 88
Gafsa 14, **67ff.**, 89
Ghoumrassen 77
Ghriba, La 20, 23, **46**
Golf 55
Guellala 10, 23, 28, **34ff.**
Haddej 87
Hallouf, El 77f.
Hamma du Gabès, El **67**, 88
Hamma du Jerid, El 89
Hdada, El 85
Houmt Souk *8/9*, 13, 15, 23, **37ff.**, 90, 91, 95
Ibaditen 51
Kanga, El 89
Kantara, El 32, **35**, 38
Kebili 63, 88, 89
Ksar Ghilane **64**, 95
Ksar Ouled Soltane 78
La Ghriba 20, 23, **46**
Lézard Rouge 70, 89
Mahboubine **50**, 86
Malekiten 20f.
Marabout 11, **20**, 23
Mareth **67**, 87

Matmata 23, **71ff.**, 87
May, El 36
Médenine 78
Méharée (Wüstentour) 62
Menix 36
Menzel 47, **48**, **84f.**
Metlaoui 58, **70f.**, 89
Mezraya 90
Midès **71**, 89
Midoun 13, 14, **46ff.**, 85, 90, 91
Mounares 89
Nefta **82f.**, 89, 94
Ölmühlen 46
Oudref 67
Palmenhain bei Ajim 33
Paragliding 55
Plage de la Séguia *30/31*, 51
Plage de Sidi Mahrès **51**, 91
Radfahren 44
Ras R'mel 45f.
Ras Terbella 14
Redeyef 89
Reiten 55, **95**
Sebkha de Sidi Garous 52
Segeln 55, **95**
Séguia *30/31*, 51
Seldja-Schlucht 70, 89
Sidi Jemour 23, 33
Sidi Mahrès **51**, 91
Skifahren **51**, 91
Speicherburgen 76

> www.marcopolo.de/djerba

IMPRESSUM

Surfen 55
Tamerza *11*, **71**, 87, 89
Tamezret 73f.
Tataouine 22, 23, 74ff.
Tauchen 55, **95**
Thalassotherapie 56
Toujane **74**, 87
Touristische Zone (Djerba) **50ff.**, 93
Tozeur 12, 14, 15, **78ff.**, 89, 94, 95
Unterirdische Moschee bei Ajim 33
Wahibiten 20f.
Wasserski 55
Westküste von Djerba 33f.
Wüstentour (Méharée) 62
Zaafrane 95
Zarzis 23, **36**

> SCHREIBEN SIE UNS!

Liebe Leserin, lieber Leser,

wir setzen alles daran, Ihnen möglichst aktuelle Informationen mit auf die Reise zu geben. Dennoch schleichen sich manchmal Fehler ein – trotz gründlicher Recherche unserer Autoren/innen. Sie haben sicherlich Verständnis, dass der Verlag dafür keine Haftung übernehmen kann.

Wir freuen uns aber, wenn Sie uns schreiben.

Senden Sie Ihre Post an die MARCO POLO Redaktion, MAIRDUMONT, Postfach 31 51, 73751 Ostfildern, info@marcopolo.de

IMPRESSUM

Titelbild: Reitershow (alamy images: tbkmedia.de)

Fotos: alamy images: tbkmedia.de (1); Nicolas Fauqué: www.imagesdetunisie.com (13 u.); Klaus Friedl: www.offroad-reisen.com (14 u.); R. M. Gill (3 M., 4 l., 5, 29, 53, 58/59, 77, 79, 84/85, 98); R. Hackenberg (3 r., 22/23, 23, 34, 44, 86, 92/93, 94, 110/111); Ben Hamida: Pascal Reis (14 M.); Hasdrubal Thalassa & Spa Hotels (91 M.r.); HB Verlag: Gartung (Klappe Mitte, 4 r., 11, 22, 57, 64, 66, 68, 75, 81, 82, 83, 103); Riehle (26); Huber: Schmid (6/7, 24/25, 30/31, 35, 123); © iStockphoto.com: CostinT (12 u., 90 u.r.), Eric Hood (90 o.l.), Volker Kreinacke (15 o.), Tatiana Makarova (91 M.l.), mathieukor (14 o.), mypokcik (15 u.), Gregory Olsen (91 o.l.), pinobarile (90 M.r.), Peter Stiefel (91 u.r.), Gary Stokes (90 M.l.); Laif: Huber (2 l., 70), Kristensen (8/9), Kuerschner (49); Look: Wothe (Klappe rechts); E. Kresta (127); A. Mattes (28); Barbara Polzer (13 o.); D. Renckhoff (Klappe links, 2 r., 3 l., 16/17, 18, 20, 27, 28/29, 32, 36, 39, 42, 50, 54, 60, 63, 73, 88, 96/97); Katharina Sommer: Jörg Dambowski (12 o.); T. Stankiewicz (41, 47)

4., aktualisierte Auflage 2009
© MAIRDUMONT GmbH & Co. KG, Ostfildern
Chefredaktion: Michaela Lienemann, Marion Zorn
Autorin: Edith Kresta; Redaktion: Manfred Pötzscher
Programmbetreuung: Cornelia Bernhart, Jens Bey; Bildredaktion: Gabriele Forst
Szene/24h: wunder media, München
Kartografie Reiseatlas: © MAIRDUMONT, Ostfildern
Innengestaltung: Zum goldenen Hirschen, Hamburg; Titel/S. 1–3: Factor Product, München
Sprachführer: in Zusammenarbeit mit Ernst Klett Sprachen GmbH, Stuttgart, Redaktion PONS Wörterbücher
Das Werk einschließlich aller seiner Teile ist urheberrechtlich geschützt. Jede urheberrechtsrelevante Verwertung ist ohne Zustimmung des Verlages unzulässig und strafbar. Das gilt insbesondere für Vervielfältigungen, Übersetzungen, Nachahmungen, Mikroverfilmungen und die Einspeicherung und Verarbeitung in elektronischen Systemen.
Printed in Germany. Gedruckt auf 100% chlorfrei gebleichtem Papier

FÜR IHRE NÄCHSTE REISE

gibt es folgende MARCO POLO Titel:

DEUTSCHLAND
- Allgäu
- Amrum/Föhr
- Bayerischer Wald
- Berlin
- Bodensee
- Chiemgau/Berchtesgadener Land
- Dresden/Sächsische Schweiz
- Düsseldorf
- Eifel
- Erzgebirge/Vogtland
- Franken
- Frankfurt
- Hamburg
- Harz
- Heidelberg
- Köln
- Lausitz/Spreewald/ Zittauer Gebirge
- Leipzig
- Lüneburger Heide/ Wendland
- Mark Brandenburg
- Mecklenburgische Seenplatte
- Mosel
- München
- Nordseeküste Schleswig-Holstein
- Oberbayern
- Ostfriesische Inseln
- Ostfriesland/ Nordseeküste Niedersachsen/ Helgoland
- Ostseeküste Mecklenburg-Vorpommern
- Ostseeküste Schleswig-Holstein
- Pfalz
- Potsdam
- Rheingau/ Wiesbaden
- Rügen/Hiddensee/ Stralsund
- Ruhrgebiet
- Schwäbische Alb
- Schwarzwald
- Stuttgart
- Sylt
- Thüringen
- Usedom
- Weimar

ÖSTERREICH | SCHWEIZ
- Berner Oberland/ Bern
- Kärnten
- Österreich
- Salzburger Land
- Schweiz
- Tessin
- Tirol
- Wien
- Zürich

FRANKREICH
- Bretagne
- Burgund
- Côte d'Azur/ Monaco
- Elsass
- Frankreich
- Französische Atlantikküste
- Korsika
- Languedoc-Roussillon
- Loire-Tal
- Normandie
- Paris
- Provence

ITALIEN | MALTA
- Apulien
- Capri
- Dolomiten
- Elba/Toskanischer Archipel
- Emilia-Romagna
- Florenz
- Gardasee
- Golf von Neapel
- Ischia
- Italien
- Italienische Adria
- Italien Nord
- Italien Süd
- Kalabrien
- Ligurien/ Cinque Terre
- Mailand/Lombardei
- Malta/Gozo
- Oberital. Seen
- Piemont/Turin
- Rom
- Sardinien
- Sizilien/ Liparische Inseln
- Südtirol
- Toskana
- Umbrien
- Venedig
- Venetien/Friaul

SPANIEN | PORTUGAL
- Algarve
- Andalusien
- Barcelona
- Baskenland/Bilbao
- Costa Blanca
- Costa Brava
- Costa del Sol/Granada
- Fuerteventura
- Gran Canaria
- Ibiza/Formentera
- Jakobsweg/Spanien
- La Gomera/El Hierro
- Lanzarote
- La Palma
- Lissabon
- Madeira
- Madrid
- Mallorca
- Menorca
- Portugal
- Sevilla
- Spanien
- Teneriffa

NORDEUROPA
- Bornholm
- Dänemark
- Finnland
- Island
- Kopenhagen
- Norwegen
- Schweden
- Südschweden/ Stockholm

WESTEUROPA | BENELUX
- Amsterdam
- Brüssel
- Dublin
- England
- Flandern
- Irland
- Kanalinseln
- London
- Luxemburg
- Niederlande
- Niederländische Küste
- Schottland
- Südengland

OSTEUROPA
- Baltikum
- Budapest
- Estland
- Kaliningrader Gebiet
- Lettland
- Litauen/Kurische Nehrung
- Masurische Seen
- Moskau
- Plattensee
- Polen
- Polnische Ostseeküste/Danzig
- Prag
- Riesengebirge
- Russland
- Slowakei
- St. Petersburg
- Tschechien
- Ungarn
- Warschau

SÜDOSTEUROPA
- Bulgarien
- Bulgarische Schwarzmeerküste
- Kroatische Küste/ Dalmatien
- Kroatische Küste/ Istrien/Kvarner
- Montenegro
- Rumänien
- Slowenien

GRIECHENLAND | TÜRKEI | ZYPERN
- Athen
- Chalkidiki
- Griechenland Festland
- Griechische Inseln/Ägäis
- Istanbul
- Korfu
- Kos
- Kreta
- Peloponnes
- Rhodos
- Samos
- Santorin
- Türkei
- Türkische Südküste
- Türkische Westküste
- Zakinthos
- Zypern

NORDAMERIKA
- Alaska
- Chicago und die Großen Seen
- Florida
- Hawaii
- Kalifornien
- Kanada
- Kanada Ost
- Kanada West
- Las Vegas
- Los Angeles
- New York
- San Francisco
- USA
- USA Neuengland/ Long Island
- USA Ost
- USA Südstaaten/ New Orleans
- USA Südwest
- USA West
- Washington D.C.

MITTEL- UND SÜDAMERIKA
- Argentinien
- Brasilien
- Chile
- Costa Rica
- Dominikanische Republik
- Jamaika
- Karibik/ Große Antillen
- Karibik/ Kleine Antillen
- Kuba
- Mexiko
- Peru/Bolivien
- Venezuela
- Yucatán

AFRIKA | VORDERER ORIENT
- Ägypten
- Djerba/ Südtunesien
- Dubai/Vereinigte Arabische Emirate
- Israel
- Jerusalem
- Jordanien
- Kapstadt/ Wine Lands/ Garden Route
- Kenia
- Marokko
- Namibia
- Qatar/Bahrain/ Kuwait
- Rotes Meer/Sinai
- Südafrika
- Tunesien

ASIEN
- Bali/Lombok
- Bangkok
- China
- Hongkong/ Macau
- Indien
- Japan
- Ko Samui/ Ko Phangan
- Malaysia
- Nepal
- Peking
- Philippinen
- Phuket
- Rajasthan
- Shanghai
- Singapur
- Sri Lanka
- Thailand
- Tokio
- Vietnam

INDISCHER OZEAN | PAZIFIK
- Australien
- Malediven
- Mauritius
- Neuseeland
- Seychellen
- Südsee

> UNSERE AUTORIN
MARCO POLO Insiderin Edith Kresta im Interview

Edith Kresta ist Journalistin und Reiseredakteurin, lebt in Berlin und erholt sich auf Djerba.

Seit wann fahren Sie nach Djerba?

Seit ungefähr 20 Jahren. Ich war zum ersten Mal hier, als ich mit meiner Tochter schwanger war. Ihr Vater stammt aus Beni-Khadeche, ein altes Dorf im Süden Tunesiens. Und da Djerba auch für Kinder der ideale Tummelplatz ist, sind wir immer wieder hierher gekommen.

Was gefällt Ihnen an Djerba?

Vor allem das Licht. Die Farben von Sand, Sonne, Palmen und Meer scheinen mir nirgends so intensiv und warm wie im Süden Tunesiens. Und zur Erholung ist Djerba viel ruhiger als die weiter nördlich gelegenen Urlaubszonen. Außerdem liebe ich die Wüste, und diese ist von Djerba aus schnell zu erreichen. Eine Wüstenwanderung ist für mich die reinste Wellnesskur.

Und was mögen Sie an Djerba nicht so?

Dass die touristische Zone und der Rest der Insel so stark voneinander getrennt sind. Da bleibt der Charme Djerbas manchmal auf der Strecke.

Wo leben Sie, wenn sie auf Djerba sind?

Manchmal bei tunesischen Verwandten, die hier ein Sommerhaus haben. Oft nehmen wir auch die supergünstigen Angebote deutscher Reiseveranstalter in Anspruch. Vor allem im Winter ist das sehr preisgünstig.

Was machen Sie beruflich?

Ich bin Redakteurin für Reise und Interkulturelles bei der Berliner „tageszeitung" (taz). Mein Länderschwerpunkt ist, auch aus persönlichen Gründen, der Maghreb und die arabische Welt.

Was tun Sie in ihrer Freizeit?

Am liebsten bin ich draußen in der freien Natur. Wandern, Radfahren und Rudern sind meine Lieblingsbeschäftigungen. Aber als Stadtmensch interessiere ich mich natürlich auch für Kino, Kunst und Literatur.

Mögen Sie die tunesische Küche?

Sehr. Ich finde sie schmackhaft und ausgewogen. Als ich mit meiner Tochter schwanger war, hatte ich immer Probleme mit den Eisenwerten im Blut. Nach sechs Wochen Tunesien bestätigte mir der Arzt hervorragende Werte. Vielleicht liegt es an den Datteln. Außerdem schmeckt mir etwas Schärfe am Essen sehr gut. Wenig gewürztes Essen finde ich fad.

> BLOSS NICHT!

Auch in Tunesien gibt es – wie in allen Ländern – Touristenfallen und Dinge, die man besser meidet

Aufreizende Kleidung

Laufen Sie nicht mit zu freizügiger Kleidung auf den Straßen herum. Das erregt Verärgerung über das unsensible Eindringen in eine andere Kultur mit strengeren Sitten. Vor allem aber macht es Frauen zum Freiwild. Eine zurückhaltende Frau hingegen wird geachtet und hat auch als Alleinreisende in Tunesien keine Probleme. Sollten Sie dennoch belästigt werden, so wehren Sie sich lautstark dagegen, oder suchen Sie Schutz bei älteren Menschen. Aufdringlichkeit, die leider häufig vorkommt, gilt als sehr schlechtes Verhalten in der tunesischen Gesellschaft.

Geizig sein

Tunesier sind großzügig und machen Geschenke. Sie sollten diese Großzügigkeit in angebrachter Form und niemals mit Geld erwidern.

Haare in den Achselhöhlen

Enthaarung gehört zum Schönheitsprogramm jeder tunesischen Frau. Auf Tunesier wirkt es sehr ungepflegt und unkultiviert, wenn Frauen Haare an Beinen und unter den Armen nicht entfernt haben.

Offenes Schuhwerk

Bei Ausflügen in die Natur sollten Sie keine Sandalen tragen, denn in Tunesien gibt es Schlangen und Skorpione. Also: festes Schuhwerk tragen und beim Zelten die Schuhe morgens ausschütteln.

Taxifahren ohne Taxameter

Alle tunesischen Taxis haben ein Taxameter. Achten Sie darauf, dass dieses immer eingeschaltet ist – und lassen Sie sich nicht unnötig auf Preisverhandlungen ein.

Unfreundlich sein

Bleiben Sie im Umgang mit Tunesiern immer höflich. Auch wenn Sie die Klebrigkeit und Distanzlosigkeit mancher Verkäufer und Händler in den touristischen Zonen abstößt, sollten Sie bestimmt, aber immer freundlich ablehnen. Auf Höflichkeit und gesellschaftliche Umgangsformen wird großer Wert gelegt. Grobe Abwehr oder Ablehnung schafft leicht Aggression.

Zu wörtlich nehmen

Sie sollten die Auskunft eines Tunesiers nicht immer allzu wörtlich nehmen. Tunesier sind höflich und gefällig und deshalb manchmal bemüht, Fragenden eine Antwort zu geben, die diese ihrer Meinung nach hören wollen. Es bleibt Ihrer Sensibilität überlassen, ob das Ja definitiv ein Ja oder eher ein Nein ist. Wenn Sie unsicher sind, fragen Sie noch einmal woanders nach.